やさしい英語で
SDGs!

地球の課題（Global Issues）を
英語で学び、未来を語ろう！

本間正人
山本ミッシェールのぞみ ［著］

SUSTAINABLE DEVELOPMENT **GOALS**

合同出版

© JEWEL SAMAD / AFP

この本を手にしたあなたへ

●Knowing and not Knowing （「知ること」と「知らないままでいること」）

　何も知らないで左の一枚の写真を見たら「色鮮やかな民族衣装を着た美しい少女」の写真だなとシンプルに思うかもしれません。でも、もしもこの少女がどんな状況に置かれているかを聞いてからこの写真を見たらどう思うでしょう？　少女の置かれた境遇や暮らしている地域のことが気になって調べますよね。そして、写真を見た後の感想も違うものになるのではないでしょうか。

　「知ること」と「知らないままでいること」では大きな違いがあります。知ることで見える世界が大きく変わってくるのです。

●SDGsは世界共通の願いから生まれた

　SDGsって何だろう？　なんだか難しそう……そう思う人も多いかもしれません。SDGsとは、2030年までに達成を目指そうとする「持続可能な開発目標Sustainable Development Goals（SDGs）」です。2015年9月に国連サミットで決まったもので、世界1,000万人の人たちがオンラインで参加し、3年をかけて話し合い、つむぎ出しました。簡単に言うと、「持続可能」とは、続けていくことができること。「開発目標」とは、私たちが発展するために目指すこと。つまり私たち人類が幸せに、未来も安心して暮らしていくために必要なことは何かを真剣に考えて決められた「世界共通の目標」、「共通の願い」なのです。

　みなさんと同じ年代の学生、一般市民、研究者、企業、NGO、NPO、政府、先進国、発展途上国、先住民族、女性や社会的に立場が弱いさまざまな環境に置かれている人たちが一緒に考えた17の目標と169個のターゲットです。

　そしてその際に掲げられた理念は「No one will be left behind（誰一人取り残さない）」。

●Take Your First Step （まずは一歩踏み出してみよう）

　自分とは遠い世界の話……?　そう感じる人は多いかもしれません。

　でも、日本でも頻発する自然災害、問題になっているさまざまな社会的格差や貧困は、身近な話ですよね。また、世界では飢餓や紛争が拡大し続けていて、このままでは人間にも、動植物にとっても危機的な未来が予想されます。

　私たちが無関心で今のままの生活を続けていると、地球はどんどんと貯金を使ってしまい、豊かな自然や、私たちを支えてくれている資源が底を尽きてしまいます。みなさんは、未来の自分の子どもの子どもの、そのまた子どもには、どのような世界を残してあげたいですか?

　持続可能な世界を実現するために、一人ひとりが身の回りの小さな取り組みからすぐに活動を始めることができます。一人でできないものは友達と、クラスで、家族で考えて行動してもよいと思います。この本にはそのヒントがたくさん詰まっています。これを機会に「もしこれが自分だったら?」「自分だったら何ができるだろう?」と、ぜひ考えてみてください。

　なぜならば、**You can make a difference**（あなた自身が変化をもたらすことができる）。

2021年2月

山本ミッシェールのぞみ

(左写真) バングラデシュの首都ダッカで断食月の終わりに行われるパレード中、
　　　　伝統的な結婚式での妻のような衣装を着て窓辺にたたずむ少女。

© WISSAM AL-OKAILI / AFP

地球の課題と英語表現を同時に学ぼう！

　SDGsは、国連で採択された方針を表した文書ですから、もともとが英語で書かれたものです。それなのに、英語学習と連動した本がないことに気付きました。ならば、現在の地球の課題について学ぶだけでなく、グローバルな社会で使える英語の語彙や表現も身につけてほしい。そんな願いを込めて、この本を書きました。

●汎用性の高い英語表現が身につく

　国際機関が発行する公式文書は、プロの国際公務員や外交官向けに書かれたもので、専門用語も多く、なかなか難しいのが実状です。そこで、本書ではできる限りわかりやすく「やさしい英語」でリライトしました。ボキャブラリーとしては、テーマに即した専門性の高いものも含まれますが、Readingや会話の中では、汎用性の高い表現を多く取り入れています。

●日常生活をイメージしやすい会話例

　SDGsの17のテーマは、私たちの日常生活と密接に関連していて、決して縁遠い話ではありません。ですから、日本社会の普通の暮らしとどんな接点があるのか、具体的にイメージしやすいように会話文を構成しました。SDGsに限らず、さまざまな英会話の場面で応用がきくはずです。

●リスニングやシャドーイングにも活用を

　世界各地で今、起こっていることを、文字だけでなく、心で感じていただくために、世界を代表する通信社であるAFP社のプロ・フォトグラファーによる高画質な写真をふんだんに掲載しました。また、章ごとにAsuka Academyの動画リンクも紹介しましたので、リスニングやシャドーイングにご活用ください。英語としての教科学習だけでなく、総合学習の時間や地理・歴史、政治・経済、場合によっては、PBL（プロジェクト学習）などにもご活用いただければと願っています。

　日本の未来は、世界の持続的な発展なくしてあり得ません。自国だけよければそれでよい、などという考え方は、成り立たないと思います。本書を手にした一人でも多くの人が、国益を超えた「地球益・地球人益」に目覚め、地球市民の一人として「学習する地球社会（Learning Planet）」の実現に向けて、力を発揮していただくことを期待しています。

2021年2月

本間 正人

(左写真) イラクの首都バグダッドの南東部、細菌性疾患の影響を受けている地区で、下水管を横切る水道管から伸びるホースで水を飲んでいる少年。

持続可能な開発のための取り組み
SDGsができるまで

1972年の国連人間環境会議以来、地球社会の未来の目標が国連を中心に検討されてきました。それぞれについて、みんなで調べて発表し合ってみましょう！

1962年	『沈黙の春』（レイチェル・カーソン著）刊行
1970年	サンフランシスコ市で初めてのEarth Day（アースデイ）開催
1972年	国連人間環境会議がストックホルムで開催
	ローマクラブ（世界的有識者のネットワーク）が『成長の限界』を発表
1973年	「ワシントン条約（絶滅のおそれのある野生動植物の種の国際取引に関する条約）」採択
1987年	オゾン層を破壊する物質に関する「モントリオール議定書」が採択される
	環境と開発に関する世界委員会（WCED）が「WCEDレポート」を提出し、「持続可能な開発」という考え方を提唱
1989年	国連環境計画（UNEP）が、廃棄物に関する「バーゼル条約」を採択
1992年	地球サミット（ブラジル・リオデジャネイロ）で「生物多様性条約（CBD）」「気候変動枠組条約（UNFCCC）」「アジェンダ21」などが採択
	12歳の少女、セヴァン・スズキの「伝説のスピーチ」
1997年	気候変動枠組条約第3回締約国会議（COP3）で「京都議定書」採択。温室効果ガスの削減目標を設定
2000年	国連ミレニアム・サミットで「MDGs（Millennium Development Goals）／ミレニアム開発目標）」が採択。2015年を達成期限とした8つのゴールを掲げる
2002年	持続可能な開発に関する世界首脳会議を開催
	「国連持続可能な開発のための教育（ESD:Education for Sustainable Development）の10年」が採択
2012年	国連持続可能な開発会議（リオ＋20）で議論が始まる
2015年	国連サミットで、SDGsを中核とする「我々の世界を変革する：持続可能な開発のための2030アジェンダ」が採択
	気候変動枠組条約第21回締約国会議（COP21）で「パリ協定」が採択

(左写真) 南米チリの南部にある北パタゴニア氷原。近年、地球温暖化により氷河は後退傾向にあり、今後も氷河の後退は加速されると予測されます。　© MARTIN BERNETTI / FILES / AFP

CONTENTS

●執筆分担　山本ミッシェールのぞみ (Goal 1–7, 13)、本間正人 (Goal 8–12, 14–18)

この本の使い方

本書では、テキストを読む、耳で音声を聞く、動画を見る、という多彩な方法で、英語を効果的に学ぶことができます。SDGsの各ゴールを考えるヒントになる図表や写真も盛りだくさん。中学校レベルの比較的やさしい英語を使って、さまざまな角度から、SDGsについて理解を深めましょう。

① テキストで学習 ……………………………………………………………

それぞれのゴールは6ページで構成されています。英文を読んで理解し、関連する図表やマップなどで理解を深め、会話やディスカッションを通じてさらに視野を広げてください。

Reading
まずは英文を読んで、各ゴールの内容を理解しましょう。

語句解説
赤字の語句は、本文右側に解説があります。

写真
世界を代表する通信社ＡＦＰが配信している写真です。そこから感じることも話し合ってみましょう。

日本語訳
わからない部分は日本語訳で確認。読みやすさ、わかりやすさを考慮して、英文の直訳ではなく、自然な日本語になるように意訳している場合があります。

Question
英文の内容を理解するための質問です。

Thinking
関連する図表やグラフで、各ゴールについてさらに理解しましょう。

写真から読み取ろう
写真と解説から、世界の課題について考えます。

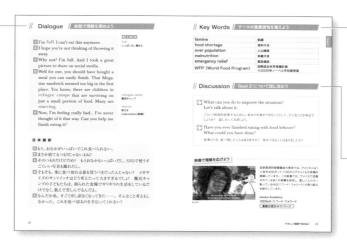

Dialogue

実際に会話に
チャレンジ!

Key Words

各ゴールを理解し
たり、表現したりす
るために必要な単
語をチェック。

Discussion

各ゴールについて、
みんなで話し合う
ためのヒント。意
見を出し合って理
解を深めましょう。

---

② **音声**でリスニング、シャドーイング練習

各ゴールのReading, Dialogueの英文は、各ゴールの冒頭に
ある二次元バーコードを読み込むと、ネイティブ・スピーカーに
よる音声を聞くことができます。繰り返し聞いて耳で覚えましょ
う。また、耳で聞いた音声に続いて、自分でも声に出してみま
しょう。声に出して読むと聞き取る力もアップします。

Reading,Dialogue
の英文を聞こう!

③ **動画**で深堀り学習　Asuka Academyの活用

それぞれのゴールについて、参考となる
Asuka Academyの映像コンテンツを紹
介しています。Asuka Academyは、日
本最大のeラーニング提供会社ネットラー
ニンググループが支援するNPO法人で、
世界のトップレベルの大学・大学院が公開
している正規授業の動画や学習コンテン
ツを、無料で配信しています。SDGsをは

© AFP

じめとしたさまざまなテーマの講座があり、自分の学習ペースに合わせて講座を選ん
で学ぶことができます。

　まずは以下のサイトで会員登録を行い、コースを選択してから視聴してください。
会員登録は無料です。

● **Asuka Academy**
 ― **世界最高の海外大学講義を日本語で無料で学べるオンライン講座**
 https://www.asuka-academy.com/

Goal 1

No Poverty

持続可能な開発目標【1】
貧困をなくそう

あらゆる場所のあらゆる形態の貧困を終わらせる。

Reading,Dialogue
の英文を聞こう！

// Reading　英語で理解しよう

Would it surprise you if I told you that the richest 1% of the world's **population** owns more than 80% of the **world's wealth**? The gap between the rich and the poor is growing wider by the year. For example, a majority of the people in **sub-Saharan Africa** live on less than $1.90 a day. People are **struggling** to feed their families and to **survive**.

But this is not something that's only happening in countries far away. Even in Japan, one in every seven children suffers from **poverty**. For many, school lunch is their only **nutritious meal** because their families do not have enough money to buy food. Children who have access to **food banks** or the children's cafeteria known as "Kodomo Shokudo" are the lucky ones. Many are **overlooked** and don't receive any help. The **key principle** of SDGs is to "Leave no one behind". Let's **reach out** to children far and near to **achieve** those goals.

語 句 解 説

population
人口
world's wealth
世界の富

sub-Saharan Africa
アフリカのサハラ砂漠の南側
の地域
struggle
もがく、努力する
survive
生き残る

poverty
貧困
nutritious meal
栄養がある食事

food bank
フードバンク、食品ロスを引き
取り、困窮者に届ける活動、食
糧銀行

overlook
見逃す、見過ごす
key principle
基本方針

reach out
手を差し伸べる

achieve
成し遂げる

劣悪な労働環境のもとでリサイクル用ペットボトルの選別作業をする、バングラデシュの子ども。　© Munir UZ ZAMAN / AFP

日 本 語 訳

　　驚くべきことに、世界の人口の1％が、世界中の80％以上の富を持っています。お金持ちと貧しい人たちの格差は年々広がっています。たとえば、アフリカのサハラ砂漠の南側の地域に住む人たちの過半数は、一日1.9ドル未満の収入で暮らしています。家族の食べ物を手に入れ、生き延びるために必死です。

　　ただ、こうした状況は、遠く離れた国々で起こっているだけではありません。日本でも、実に7人に1人の子どもが貧困に苦しんでいるのです。そうした家庭では食費にまわすお金が十分でないために、学校給食だけが栄養のとれる食事だ、という子どもたちも大勢います。「フードバンク」や「子ども食堂」が近くにある子どもはまだ幸運です。多くの子どもたちは見過ごされ、何の支援も受けられていません。SDGsの目標には「誰一人取り残さない」という大切な原則があります。目標の達成に向けて、近くの、そして、遠くに住む子どもたちへも、手を差し伸べようではありませんか。

1 How much wealth does the richest 1% own globally?

最も裕福な1%の人たちが、世界の富のどれくらいを所有しているでしょうか?

2 Who lives on less than $1.90 a day?

一日わずか1.9ドル未満で生活している人たちは誰ですか?

3 Why is the school lunch the only nutritious meal for some people?

ある子どもたちにとって、学校給食が唯一栄養を得られる食事であるのはなぜですか?

// Thinking / 図表やマップを見ながら考えよう

▶「世界の富」は高所得の国々に集中している

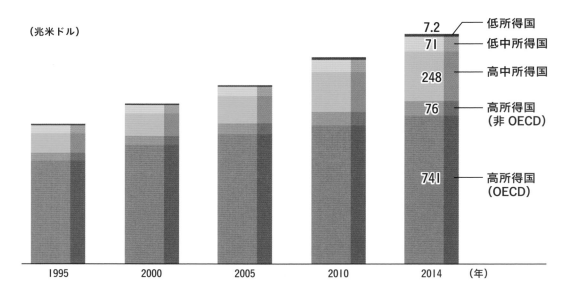

変化する国々の富 2018（出典：世界銀行データより）

世界の富は、1995年から2014年の間に66％増えました。しかし、そもそも所得の高い先進国にかたより、国と国との間の貧富の格差は拡大傾向にあります。また、それぞれの国の中でも、格差が広がっている場合が多いのが実情です。

語句解説
OECD＝経済協力開発機構

▶ 世界各国の子ども（0-17歳）の貧困率は？

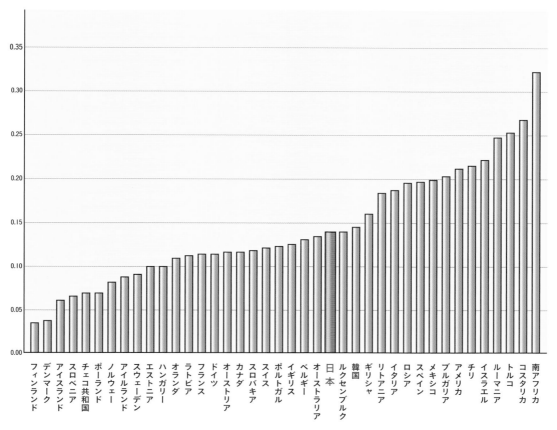

（出典：OECD データ 2015-2019 年より）

貧困率とは、所得が国民の平均値の半分に満たない人の割合のことです。日本の17歳以下の子どもの貧困率は、13.5％（2018年）で、およそ7人に1人が貧困状態にあると言われています。

語句解説

貧困率=poverty rate

映像で理解を広げよう

© AFP

マダガスカルの首都アンタナナリボでは、ごみの山に住んでいる人たちがたくさんいます。売れる物を掘り出して見つけ、それで生計を立てるためです。

Asuka Academy
[SDGs7-08] 希望の街

（動画の見方➡11ページ）

A Is this child sitting inside a **dump** filled with plastic bottles?	語句解説 dump ゴミ捨て場
B Yes, but you know in some countries, this is an important **source of income** for some families.	source of income 収入源
A You mean all those plastic bottles are **worth** money?	worth 価値がある
B Yes. For example, in Nigeria where stable income is hard to achieve, it's difficult to pay for your children's school fees. But there is a school that accepts plastic bottles as an **alternative payment**.	alternative payment （貨幣によらない）かわりの支払い方法
A How many plastic bottles would you need?	
B 200kg of plastic bottles can cover more than **one-third** of the school fees. And more than 1,000 kids have been going to school this way.	one-third 3分の1 eye-opener 目を見張らせるもの、驚くべきこと
A What an **eye-opener**!	

日本語訳

A この子はペットボトルがいっぱい捨てられたゴミ溜めに座っているの?

B そう。でも知ってる? 国によっては、これが子どもたちの家の貴重な収入源になっているんだよ。

A 捨てられたあのペットボトルがお金になるっていうの?

B そう。たとえば安定した収入を得にくいナイジェリアという国では、子どもの学費を納めるのが難しいんだ。でも、ある学校では学費のかわりに、ペットボトルでの支払いを受け付けているんだ。

A ペットボトルは何本必要なの?

B 200キロのペットボトルで学費の3分の1を払えるらしい。1,000人以上の子どもたちが、それで学校に通うことができたんだよ。

A それはすごいね!

// Key Words // テーマの重要語句を覚えよう

low income	低所得
chance	機会、好機、チャンス
unemployment	失業
natural disasters	自然災害
social and economic changes	社会的および経済的変化
vicious circle	悪循環
basic human needs	衣食住など最低限の生活ニーズ

// Discussion // Goal 1 について話し合おう

◆ **What can you do to help the children suffering from poverty? Let's talk about it.**

貧困に苦しむ子どもたちを助けるためにあなたは何ができますか?
話し合ってみましょう。
(例:学校内外での募金活動、地元でボランティア、貧困はなぜ起こるのか調べる、目に見えにくい貧困はあるのか、などについて)

◆ **Can you think of some causes of poverty?**

貧困が起こる原因をいくつか考えてみましょう。

映像で理解を広げよう

© AFP

アフガニスタンのホースト州で国際NGO団体が運営している産科病院では、平均で1日60人以上の赤ちゃんが生まれます。しかし、この国では、母親と新生児の死亡率が非常に高くなっています。

Asuka Academy
[SDGs3-07] 新しい生命の訪れ
(動画の見方➡11ページ)

Goal 2
Zero Hunger
持続可能な開発目標【2】
飢餓をゼロに

飢餓を終わらせ、食料の安全保障と栄養状態の改善を実現し、
持続可能な農業を促進する。

Reading,Dialogue
の英文を聞こう！

// Reading // 英語で理解しよう

Did you know that in **every ten seconds**, a child dies from hunger? More than 821 million people, which is 11% of the world's population, are going hungry. But almost 6.12 million tons of still **edible food produce** in Japan are **thrown away** each year. And this situation is not only in Japan. Half of all food produce in the US, one third in the **UK** and almost 90 % of edible tomatoes are thrown away in Australia.

In many **advanced countries**, much of the edible farm produce is thrown away because their **appearance** or size does not meet the **consumer's standards** or rather the supermarket's standards. To not **waste** food at home is one thing for sure. But by reducing food loss, it is estimated that we can create enough food for everyone around the world.

語 句 解 説

every ten seconds
10秒ごとに

edible
食用可能な

food produce
農作物などの食物

throw away
捨てる、廃棄する

UK
英国 the United Kingdom

advanced country
先進国 ⇔ 発展途上国
developing country

appearance
見た目、形

consumer
消費者

standard
基準、規格

waste
無駄にする

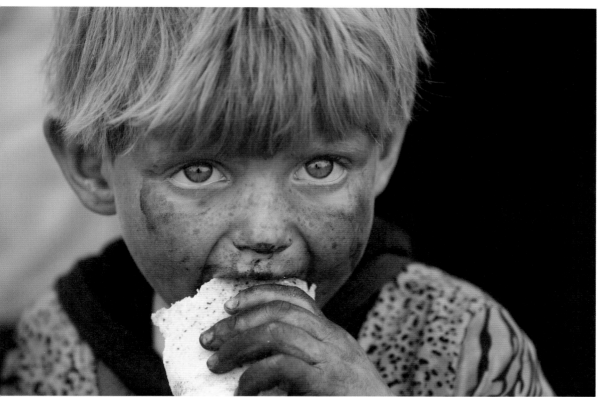

IS（イスラム過激派組織）から逃れ、仮設キャンプで食事をするシリアの子ども。　© DELIL SOULEIMAN / AFP

日 本 語 訳

　　地球上では、10秒に1人の子どもが飢えのために命を落としていることを知っていましたか？　世界の人口の11％にあたる8億2,100万人以上の人が飢餓の状態にあります。しかし、日本では毎年612万トンの食べ物が食品ロスとして捨てられています。それは日本だけの問題ではありません。米国では約半分、英国では約3分の1の食べ物が廃棄されています。オーストラリアでは食べられるトマトの90％が捨てられているのです。

　　多くの先進国では、食べられる農作物のかなりの割合が捨てられてしまいます。それは、見かけや大きさなどが消費者の考える商品の基準、さらに言えばスーパーマーケットの規格を満たしていないからです。家庭で食べ物を無駄にしないことが大切なのは間違いありません。フードロスを減らすことで、地球上のすべての人に十分な食料を生産することができると推定されています。

1 How many children die from hunger in a minute?

1分間で何人の子どもたちが飢餓で死んでいるのでしょう?

2 What are the things that are thrown away?

捨てられてしまう食料はどのようなものでしょうか?

3 What can you do to create enough food for everyone around the world?

世界中の人々に十分食料がいきわたるようにするために、あなたにできることは何ですか?

// Thinking // 図表やマップを見ながら考えよう

▶ 世界でどのくらい飢餓が広がっているの?

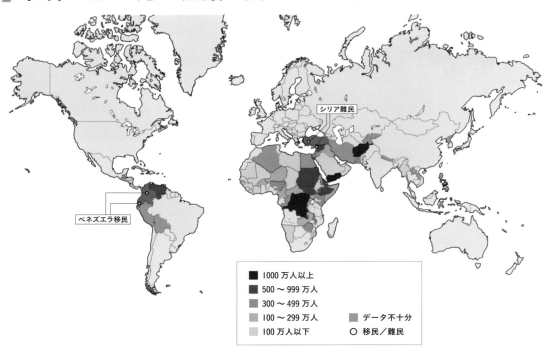

2019年に緊急の行動を必要としている深刻な食糧不安に陥っている人々の数
(出典:FSIN『2020 GLOBAL REPORT ON FOOD CRISES』より)

2019年末時点で、急激な食料不安に陥った人の数は55カ国・地域で1億3,500万人にのぼりました。そのうち半数以上がアフリカで暮らしています。その要因として、紛争や気候変動、経済危機の影響があるとされています。

語句解説
生命を脅かすほど深刻な
=life-threatening

▶ 私たちはどれくらい食品を捨てているの？

 食品廃棄物等　2,550万t
（有価物や不可食部分も含む）

 食品ロス　612万t
（売れ残り、規格外品、返品、食べ残し、直接廃棄）

> 本来
> 食べられるのに
> 捨てられている食品

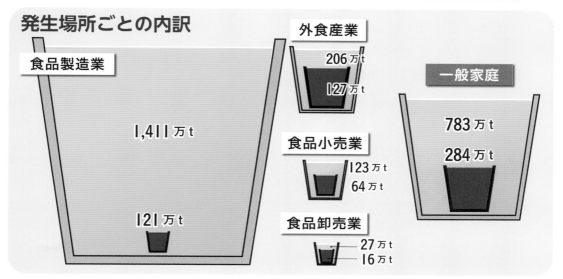

発生場所ごとの内訳

外食産業　206万t / 127万t

食品製造業　1,411万t / 121万t

食品小売業　123万t / 64万t

食品卸売業　27万t / 16万t

一般家庭　783万t / 284万t

（出典：農林水産省食料産業局「食品ロス及びリサイクルをめぐる情勢」より）

日本では本来食べられるのに捨てられている食品（食品ロス）が、食品の製造、卸売、小売、外食などの事業者から328万トン、一般家庭から284万トン、合わせて612万トンも出ています。国民1人当たりの食品ロス量は、1日約132グラム（茶碗1杯分）です。

写真から読み取ろう

© GEORGES GOBET / AFP

フランス南西部ミミザン・プラージュのルクレール・スーパーマーケットで、行政官が、ごみ箱に入った食料の無駄を記録しているところです。

At Leclerc supermarket in Mimizan-Plage, southwestern France record was taken of how much food was wasted by checking a dustbin.

A I'm **full**. I can't eat this anymore.

B I hope you're not thinking of throwing it away.

A Why not? I'm full. And I took a great picture to share on social media.

B Well for one, you should have bought a meal you can easily finish. That Mega-size sandwich seemed too big in the first place. You know, there are children in **refugee camps** that are surviving on just a small portion of food. Many are **starving**.

A Now, I'm feeling really bad... I've never thought of it that way. Can you help me finish eating it?

語句解説

full
いっぱいの、満ちた

refugee camp
難民キャンプ

starve
飢える
(starvation＝飢餓)

日本語訳

A もう、おなかがいっぱいでこれ食べられない。

B まさか捨てるつもりじゃないよね？

A そのつもりだけどだめ？　もうおなかもいっぱいだし、SNSで使うすごくいい写真も撮れたし。

B そもそも、楽に食べ切れる量を買うべきだったんじゃない？　メガサイズのサンドイッチはどう考えたって大きすぎるでしょ？　難民キャンプの子どもたちは、限られた食糧でギリギリの生活をしているだけでなく、飢えで苦しんでるんだよ。

A なんだか私、すごく申し訳なくなってきた……。そんなこと考えもしなかった。これを食べ切るのを手伝ってくれない？

|| Key Words || テーマの重要語句を覚えよう

famine	飢饉
food shortage	食料不足
over population	人口爆発
malnutrition	栄養不良
emergency relief	緊急援助
WFP (World Food Program)	国際連合世界食糧計画 ※2020年ノーベル平和賞受賞

|| Discussion || Goal 2 について話し合おう

◆ What can you do to improve the situation?
Let's talk about it.

こういう状況を改善するために、あなた自身ができることとして、どんなことがあるでしょうか？ 話し合ってみましょう。

◆ Have you ever finished eating with food leftover?
What could you have done?

食事のとき、食べ残したことはありますか？ 何かできることはありましたか？

映像で理解を広げよう

let alone try to find food
to be able to feed their families.

© AFP

国家資源防衛審議会の推定では、アメリカ人は1人毎年400ポンド（180キログラム）もの食糧を廃棄しています。この映像では、アメリカで浪費されている多くの食糧を回収し、貧しい人たちへ配っているNGO「フード・フォワード」の取り組みを紹介しています。

Asuka Academy
[SDGs2-1] フード・フォワード

（ 動画の見方➡11ページ ）

Goal 3 ▶

Good Health and Well-Being

持続可能な開発目標【3】
すべての人に健康と福祉を

あらゆる年齢のすべての人々の健康的な生活を確保し、福祉を促進する

Reading,Dialogue
の英文を聞こう！

// Reading // 英語で理解しよう

語|句|解|説

One child dies in every 20 seconds from a disease that could have been **prevented** by a **vaccine**. And that child's life could have been saved with only 20 yen. That's how much a vaccine costs. Unfortunately, there are many children who **cannot afford to** be **inoculated**.

For example, **tuberculosis** is the **leading** cause of death from **infectious diseases** for children. In 2015, **WHO** estimated that about one million children under the age of 15 become sick with tuberculosis each year and many die. Because children often have other health problems such as **pneumonia** and malnutrition, tuberculosis is often overlooked. This illness is vaccine-preventable and it can be countered with global **effort**.

prevent
予防する、防止する

vaccine
ワクチン
（予防接種 vaccination）

can afford to
〜する余裕がある

inoculate
接種する

tuberculosis
結核

leading
主要な、主な

infectious disease
感染症

WHO（World Health Organization）
世界保健機関

pneumonia
肺炎

effort
努力、奮闘

ナイジェリア最大の都市ラゴスで、麻疹ワクチンを投与される子ども。　　　　　　　　© PIUS UTOMI EKPEI / AFP

日 本 語 訳

　ワクチンで予防可能な病気によって、20秒に1人の子どもが命を失っています。その子の命は、わずか20円で救えたかもしれないのに。これがワクチンの値段です。しかし、残念なことに、このワクチン接種のお金さえない家庭の子どもたちがたくさんいるのです。

　たとえば、結核は子どもたちの主な死亡原因となる感染症です。2015年、WHOの推計によると、毎年、およそ100万人もの15歳未満の子どもが結核を発症し、多くが命を落としています。その子どもたちの多くは、肺炎や栄養失調など、他の健康問題も同時に抱えていることが多く、結核は見過ごされがちです。結核は、ワクチンで予防可能な病気であり、世界的な取り組みによって、防ぐことができるのです。

1 How can a vaccine help children?

ワクチンでどのように子どもを助けることができますか?

2 How much does a single vaccine cost? Is it expensive or is it cheap? Try to think about that according to different situations.

ワクチンの値段はいくらですか? それは高価ですか? 安価ですか? いろいろな立場になって考えてみましょう。

3 What is the leading cause of death due to infectious disease among children?

感染症で死亡する子どもの主な原因は何ですか?

// Thinking // 図表やマップを見ながら考えよう

▶ 約1,400万人の子どもが予防接種を受けられない

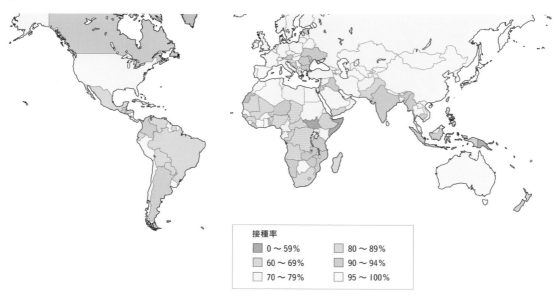

接種率
- 0～59%
- 60～69%
- 70～79%
- 80～89%
- 90～94%
- 95～100%

DTP1 の適用範囲と国別の未到達の子どもの数 (出典:日本ユニセフ協会ホームページ)

世界では推定1,380万人 (2019年) の子どもが、ジフテリア、破傷風、百日咳の三種混合ワクチンの初回接種 (DTP1) を受けられていません。

語句解説

DTP=diphtheria (ジフテリア)、pertussis (百日咳)、tetanus (破傷風) の頭文字。日本ではDPTと表記。

多くの国で医師・看護師が不足している

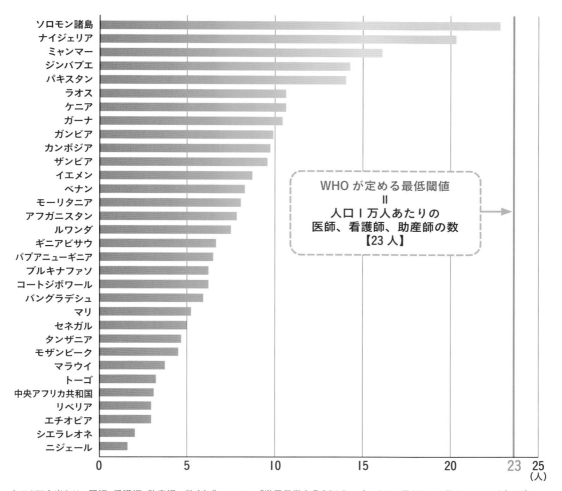

人口1万人当たりの医師、看護師、助産師の数（出典：ユニセフ『世界子供白書2016 一人ひとりの子どもに公平なチャンスを』より）

世界保健機関（WHO）は、住民1万人に対し最低23人の医療従事者が必要であると推計しています。アフリカのサハラ以南や南アジアの死亡率の高い国では、これを下回っています。

映像で理解を広げよう

© AFP

幼児と妊産婦の死亡率が世界でも特に高い南スーダン。診療所が遠く、女性が家事のほとんどを担い、多くの子どもを育てていることで、普通なら容易に治療できる病気で多くの人が亡くなっています。

Asuka Academy
[SDGs4-10] 子どもの健康を守る

動画の見方➡11ページ

Dialogue 会話で理解を深めよう

A In a few months, I'll be going to Europe as an **exchange student**.

B Wow, how exciting! There must be a lot of things to do before you go.

A Yes, since I'll be living there for a few years I have to get some vaccine shots before I leave Japan.

B Vaccines! I hear that many children in some parts of the world die from not having vaccines.

A I saw a poster about that at the doctor's the other day. I found out that I can **donate** books so that children can get vaccines. A single book is **worth** 2 vaccines.

日 本 語 訳

A 数カ月したら交換留学生としてヨーロッパに行くことになってるの。

B それは楽しみだね。行く前にたくさん準備することがあるんじゃないの?

A うん、数年住むことになるから、日本を出発する前に、数種類ワクチンを打たないといけないの。

B ワクチンか! 世界のあちこちで多くの子どもたちが、ワクチンがないために命を落としているって聞いたよ。

A 私もこの間、病院でワクチンのポスターを見て、本を寄付すると、子どもたちがワクチン接種を受けられる仕組みがあると知ったの。1冊の本がワクチン2本分になるんだって。

// Key Words // テーマの重要語句を覚えよう

welfare	福祉
safety net	社会のセーフティネット
health insurance	健康保険
pandemic	パンデミック
contagious disease	感染症
prevention, preventive	予防、予防的な
premium	保険料
pension	年金
nurse	看護師

Goal 3

// Discussion // Goal 3 について話し合おう

◆ What kind of vaccines have you been inoculated with since you were born?

あなたは生まれてから、どのようなワクチン接種を受けてきましたか?

◆ And what do they protect you from?

それらは、あなたをどのような病気から守ってくれていますか?

映像で理解を広げよう

© AFP

コレラは、アフリカ、アジア、ラテンアメリカを中心に、多くの国で風土病となっています。きれいな水や衛生施設を利用できないことで、多くの人々が細菌性感染症で亡くなっています。

Asuka Academy
[SDGs1-03] コレラ
動画の見方 ➡11ページ

Goal 4

Quality Education

持続可能な開発目標【4】
質の高い教育をみんなに

すべての人々への、包摂的かつ公正な質の高い教育を提供し、
生涯学習の機会を促進する

Reading,Dialogue
の英文を聞こう！

// Reading // 英語で理解しよう

When countries are in **conflict**, one of the most **affected** groups of society is children. In Syria for example, 7,000 schools were **damaged** or **destroyed** during the **civil war**. Up to 2019, 5,400 children had been killed in just 5 years. And even if **their lives** were **spared**, more than 2 million children were unable to **attend** school. And of those who were lucky enough to attend school, almost one third **dropped out** of elementary school.

Under these **circumstances, what lies ahead** for them? More war? More **violence** and **suffering**? More hunger? No, this needs to end. They need a chance to study. They need to dream. They need peace. No one should ever take their future away from them.

語 句 解 説

conflict
（武力による、比較的長期にわたる）戦い、争い

affect
影響を及ぼす

damage
損傷を与える

destroy
破壊する

civil war
内戦、内乱

spare one's life
命を助ける

attend
出席する、通う

drop out
中退する

circumstance
状況、環境、境遇

what lies ahead
未来、この先のこと

violence
暴力、乱暴

suffering
苦しみ、苦痛

イラクの西モスルでは、支配権を握ったISが学校教育を認めていませんでしたが、
戦闘が終わりに近づき、少しずつ授業が再開しました（2017年）。

日 本 語 訳

　　国と国とが争ったときに、最も被害を受けるのは子どもたちです。たとえば、シリアでは、内戦で7,000校もの学校が損傷を受け、あるいは破壊されました。2019年までの5年間に5,400人もの子どもの命が失われました。たとえ、命は落とさなかったとしても、200万人の子どもたちは学校に通うことができません。幸運なことに学校に通えたとしても、ほぼ3分の1の児童は小学校を中退してしまいます。

　　こうした状況下で、子どもたちにはどんな未来が待っているのでしょうか？　戦争、暴力、苦しみ、飢えが続くのでしょうか？　いいえ、こうした苦難には終止符を打つ必要があります。彼らには学ぶ機会が必要です。夢を描く機会が、そして、平和が必要なのです。誰一人として、未来を奪われてはならないのです。

1 Why were the children unable to attend school?

どうして子どもたちは学校に通えないのでしょうか?

2 Do all the children finish elementary school?

すべての子どもたちが小学校を卒業できるのでしょうか?

3 What can be done so the children can attend school again?

どうすれば、子どもたちは再び学校に通うことができるでしょうか?

// Thinking // 図表やマップを見ながら考えよう

▶ 非就学児は5,900万人。過半数はサハラ以南

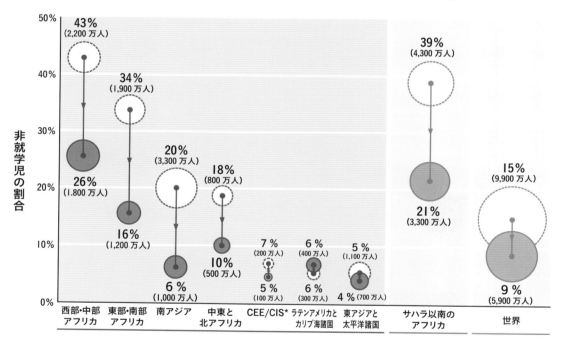

2000年と2013年の非就学の初等学校就学年齢児の数と割合 （出典：ユニセフ『世界子供白書2016 一人ひとりの子どもに公平な チャンスを』より）

2013年の世界の小学校非就学児の割合は9%、約5,900万人にのぼります。とくにアフリカのサハラ以南で非就学率が高くなっています。

▶ 低所得国では若者のインターネット接続率が低い

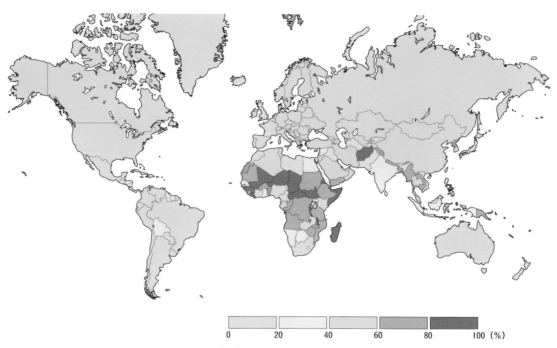

0　　20　　40　　60　　80　　100（%）

インターネットを利用していない若者（15〜24歳）の割合（%）（出典：ユニセフ『世界子供白書2017 デジタル世界の子どもたち』より）

インターネットを利用していない15〜24歳の若者は3億4,600万人にのぼります。その10人中9人近くは、アフリカや、アジア太平洋地域に住んでいます。

写真から読み取ろう

© Noe Falk Nielsen / NurPhoto / AFP

戦いが終わりに近づくにつれて、西モスルはゆっくりとよみがえっています。南西部の学校は7月初めから開校していますが、紛争中に多くの学校が破壊されたため、残りの学校は膨大な数の生徒の流入に対処しようとしていますが、ほぼすべてのものが不足しています（2017年）。

Life in West Mosul is slowly picking up as the battles come to an end. Schools in the south west have been open since the beginning of July. Because many schools have been destroyed during the battle, the schools that remained are trying hard to handle the large number of students. But there is a shortage of mostly everything.

// Dialogue // 会話で理解を深めよう

A I was watching TV, and I saw kids our age who were studying in a **makeshift** school at a refugee camp with practically no books or pencils. But they all seemed so **eager** to study.

B Eager to study! But why? I wish I didn't have to go to school.

A Well, education is their ticket to a bright future. If they can finish school, they can get a better job and **put an end** to their **hardship**.

B I didn't know there were kids like that. I **take back** what I said about not wanting to go to school anymore. I wonder if there is anything I can do for those kids.

語 句 解 説

makeshift
仮設の、間に合わせの

eager
熱心な

put an end
終止符を打つ
hardship
苦難
take back
撤回する、取り消す

日 本 語 訳

A テレビを見ていたら、私たちと同じくらいの年の子どもたちが、難民キャンプの掘っ立て小屋みたいな学校で勉強していたの。本もほとんどないし、鉛筆もない。それでもみんな熱心に勉強しようとしてたわ。

B 熱心に勉強って、どうして？　学校になんか行きたくないな。

A 教育を受けることが、明るい未来へのチケットになるからかな。学校を卒業すれば、ましな仕事にありつけて、つらい境遇に終止符を打てるからね。

B そんな子どもたちがいるって知らなかった。さっき、もう学校になんて行きたくないって言ったことは取り消すよ。そういう子どもたちのために、ぼくに何かできることあるかな？

// Key Words // テーマの重要語句を覚えよう

quality education	質の高い教育
lifelong learning	生涯学習
affordable education	手頃な価格の教育
discrimination in education	教育における差別
education facilities	教育施設
scholarship	奨学金
distance learning	遠隔教育
homeschool	学校には通学せず家庭で教育すること
higher education	高等教育

// Discussion // Goal 4 について話し合おう

◆ How can education make a difference to the children in difficult situations?

教育を受けることは、厳しい生活を送っている子どもたちにどのような変化をもたらすのでしょう?

◆ What can education do for you?

教育があなたにもたらすものは何でしょうか?

映像で理解を広げよう

© AFP

何年も紛争が続いた中央アフリカ共和国では、子どもや大人たちが夢や感動を持つきっかけになるよう、移動式映画館の活動が地道に続けられています。

Asuka Academy
[SDGs3-10] モバイル・シネマ
(動画の見方 ➡ 11ページ)

Goal 5
Gender Equality

持続可能な開発目標【5】
ジェンダー平等を実現しよう

ジェンダー平等を達成し、すべての女性と女児の能力強化を行う

Reading,Dialogue
の英文を聞こう！

‖ Reading ‖ 英語で理解しよう

Dying in a **car crash** ... this is something that everyone wants to **avoid**. That's why there are **strict** laws about **traffic**, seat belts, car design **and so forth**. Many **safety measures** and **precautions** are taken to avoid **injuries**. But according to Virginia University, women are 73% more likely to be severely injured or die in a car accident than men. Why? It's because safety features in cars are **designed** for men.

Looking around the world, there are still many **lifestyles and traditions** that are "designed" for men. For example, 12 million girls each year get married as "**child brides**" before the age of 18. They become child brides because they do not have a choice. Poverty and tradition are often the main causes. Girls are not **valued** as much as boys and to **ease the economic hardship** on their families, they are **married off** to another family. The decision is made by the fathers.

語 句 解 説

car crash
自動車事故

avoid
（意識的または意図的に）避ける、よける

strict
厳しい、厳格な

traffic
交通、往来、通行

and so forth
など

safety measures
安全対策

precaution
予防策

injury
（事故などによる）ケガ

design
設計する

lifestyles and traditions
生活様式と伝統

child bride
幼い花嫁

value
評価する

ease the economic hardship
経済的困難を緩和する

marry off
嫁がせる

一人一人が声を上げることが社会を変える原動力になります。

© Sebastien SALOM-GOMIS / AFP

日 本 語 訳

　　交通事故で死ぬのは、誰もが避けたいことです。ですから、道路交通法やシートベルト、自動車の安全設計など、さまざまな制度が設けられています。こうした安全対策は、事故を防ぐためにとられた措置です。しかし、バージニア大学の研究によると、女性は交通事故にあったときに、男性よりも死亡したり重傷を負ったりする確率が73％も高いというのです。なぜでしょう？自動車の安全装置が男性向けに設計されているからです。

　　私たちの周りを見渡してみると、今でもさまざまな生活様式や伝統的風習が男性に適した形で残存しています。たとえば、毎年1,200万人の少女が18歳未満で結婚しています。若くして結婚するのは、自ら望んでではなく、他に選択肢がないから、という場合が多いのです。貧困と伝統がその理由であり、家族の経済的困難を緩和する働き手としては、女子は男子ほど評価されず、他家へ嫁がされるのです。そして、その決定は父親によってなされます。

1 Why do more women get severely injured or die in car accidents than men?

女性のほうが交通事故で重傷、または命を落とす確率が高い理由は何ですか?

2 Why do so many girls become "child brides"?

なぜ多くの少女たちが、児童婚によって結婚させられるのでしょうか?

3 What can be done to change the world designed for men?

男性に合わせてつくられた世界は、どうすれば変えることができるのでしょうか?

// Thinking   **//** 図表やマップを見ながら考えよう

▶ 15歳未満の子どもたちも 結婚させられている

▶ アジアに多い児童婚

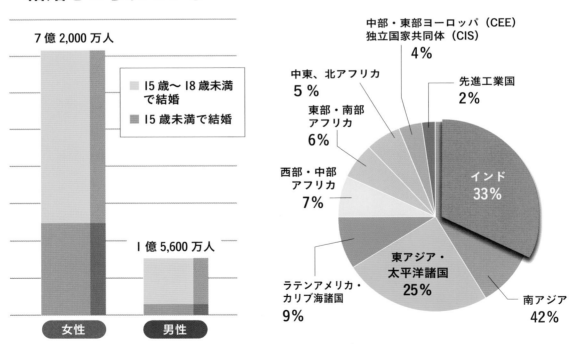

7億2,000万人

凡例:
- 15歳〜18歳未満で結婚
- 15歳未満で結婚

1億5,600万人

女性　男性

中部・東部ヨーロッパ（CEE）独立国家共同体（CIS）4％
中東、北アフリカ 5％
東部・南部アフリカ 6％
西部・中部アフリカ 7％
ラテンアメリカ・カリブ海諸国 9％
東アジア・太平洋諸国 25％
先進工業国 2％
インド 33％
南アジア 42％

（出典:ユニセフ「Ending CHILD MARRIAGE Progress and prospects」2014より）

児童婚は男性より女性のほうに多く、世界では、約7億2,000万人の女性が18歳未満で結婚しています。児童婚の約半数近くはインドをはじめとする南アジアで行われています。

語句解説
児童婚=child marriage

▶ 日本の女性管理職の割合は低い

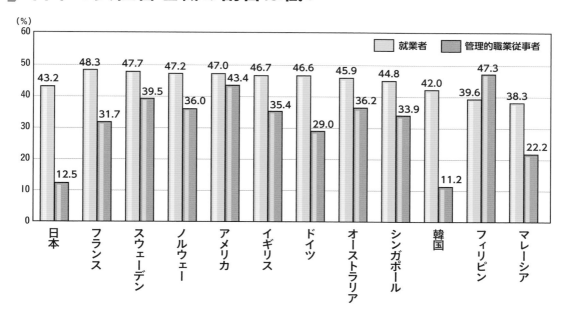

就業者及び管理的職業従事者に占める女性の割合（出典：内閣府 男女共同参画局『男女共同参画白書』平成28年版より）

日本では管理的職業に従事する人のうち、女性の割合が12.5%
で、先進諸国の中でも低い割合にとどまっています。

語句解説
管理職=manager

Goal 5

▶ 日本で男女の賃金格差は縮まった？

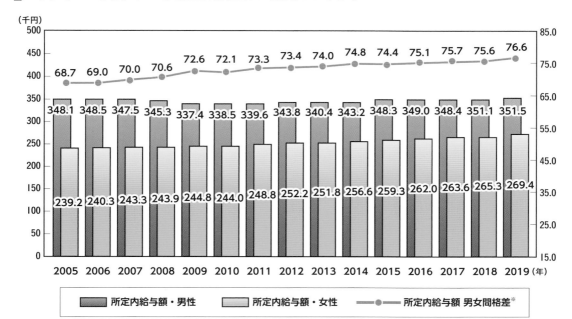

※所定内給与額の男女間格差＝女性の所定内給与額÷男性の所定内給与額×100

一般労働者の正社員・正職員の所定内給与額及び男女間賃金格差の推移（出典：厚生労働省「令和元年版 働く女性の実情」より）

正社員の男女間の賃金は、2019年の場合、男性を100.0とすると、女性は76.6です。

// Dialogue // 会話で理解を深めよう

語句解説

A Women are often **neglected** around the world and **deprived** of education, and considered as a **workforce** for the family.

B True. Even in developed countries, women are paid lower salaries than men who do the exact same jobs. And they even have to pay a "pink tax".

A What's a pink tax?

B It's not actually a real tax but a **hidden system** in our society that puts different prices on products and services based on gender. For example, in the US "girls' toys" cost **on average** 2 percent to 13 percent more than "boys' toys" and the only difference would be the colors.

neglect
軽視する、大切にしない

deprive
奪う、拒む

workforce
労働力

hidden system
隠されたシステム

on average
平均して

日本語訳

A 世界では女性の多くが軽視され、教育を受ける機会を奪われ、家族を支える労働力になっているんだって。

B そうだね。先進国でだって、男性とまったく同じ仕事をしていても女性のお給料のほうが安いんだって。そのうえ「ピンク税」まで払わされているんだよ。

A 「ピンク税」って？

B 本物の税金じゃないんだけれど、ぼくたちの社会の中で隠されたシステムで、性別によって商品やサービスに違う価格設定が設けられているんだよ。たとえば、アメリカでは色しか違わないにもかかわらず、女の子用のおもちゃは男の子のおもちゃより2%から13%も高い値段が付けられているんだ。

// Key Words // テーマの重要語句を覚えよう

affirmative action	アファーマティブアクション（積極的優遇措置）
male dominant society	男性優位社会
female quota	女性枠を優先的に割り当てる制度
empowerment	力を引き出すこと、権限を与えること
sexual harassment	セクシュアルハラスメント（セクハラ）性的嫌がらせ
LGBTQ	レズビアン、ゲイ、バイセクシュアル、トランスジェンダー、クエスチョニングの頭文字をとった単語
SOGI(Sexual Orientation and Gender Identity)	性的指向と性自認

Goal 5

// Discussion // Goal 5 について話し合おう

◆ Look for any other examples around you in which you feel that is based on gender bias?

男女の役割における固定観念の例を、身の回りで見つけてみましょう。

◆ What are the percentage of female legislators in your district?

あなたの地区の女性議員の割合はどれくらいですか？

映像で理解を広げよう

Nadia Rasheed
Doctor

© AFP

パキスタンでは、インターネットを用いた遠隔クリニックができたことで、退職した女性医師が医療現場に戻り始めています。

Asuka Academy
[SDGs6-03] 女性医師の活躍
（動画の見方➡11ページ）

6 CLEAN WATER AND SANITATION

Clean Water and Sanitation

持続可能な開発目標【6】

安全な水とトイレを世界中に

すべての人々の水と衛生の利用可能性と持続可能な管理を確保する

Reading,Dialogue
の英文を聞こう!

// Reading // 英語で理解しよう

語 句 解 説

The safe water that we have at home is a luxury that many people around the world are deprived of. Two hundred million hours. This is the **amount of** time women and girls are spending around the world to **fetch** water for their families every day. This is time wasted in which girls could have gone to school or played with friends, and women could have more **quality time**.

Moreover, much of this water is from sources such as rivers and ponds which are not safe. In the developing world, **up to** 80% of illnesses are said to be caused by **inadequate** water and **sanitation**. We must create safely managed and more accessible water sources and sanitation in developing countries. By changing how we **relate** to water, it will change many lives around the world.

amount of
総計

fetch
取ってくる

quality time
充実した時間

up to
以下、まで

inadequate
不適当な

sanitation
公衆衛生、衛生設備

relate
関わる

イラク北部のクルド人自治区の首都アルビルから東へ20キロ離れた難民キャンプ。
女の子が運んでいるのは生活に使う水です。

日 本 語 訳

　　日本では、自宅に安全な水道があるのが当たり前ですが、その恩恵を受けられない世界の多くの人々にとっては贅沢なものなのです。2億時間——これは世界の女性たちが、家族が使う水をくむために毎日使っている時間です。水くみのために、少女たちは学校に行くこともできず、友達と遊ぶこともできません。女性たちは、もっと充実した時間を楽しむことができたはずなのです。

　　さらに水をくむ水源の多くは、不衛生な川や池です。発展途上国での80%の病気は、不衛生な環境と水が原因と言われています。私たちは、発展途上国の水源の衛生管理を改善し、安全で使いやすくする必要があります。水と人との関わりを変えることによって、多くの人の生活を改善することができるのです。

1 Why do girls and women have to collect water?

なぜ、女性たちは水を集めなければならないのでしょう?

2 What are the things they could do if they didn't have to fetch water?

水が十分にあれば、どんなことが可能になるでしょう?

3 What can you do to make a difference?

状況を変えるために、あなたには何ができますか?

// Thinking // 図表やマップを見ながら考えよう

▶ 水道の水をそのまま飲める国は少ない

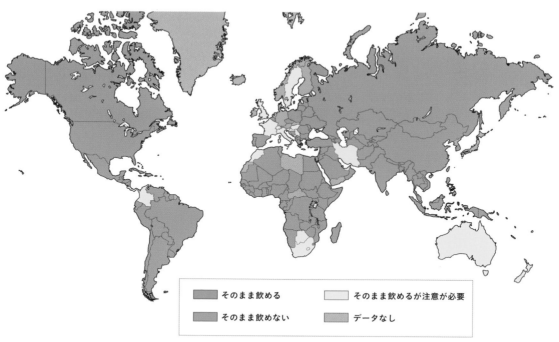

そのまま飲める ／ そのまま飲めるが注意が必要
そのまま飲めない ／ データなし

世界の水道水の現状 (出典:国土交通省「令和元年版 日本の水資源の現況」より)

世界では、水道の水をそのまま飲める国はごくわずかで、そのまま飲めるけれど注意が必要な国と合わせても、30カ国に届きません。日本は、水道の水質がよく、そのまま飲める数少ない国なのです。

語句解説

水不足=water shortage

▶ 使える水は限られている

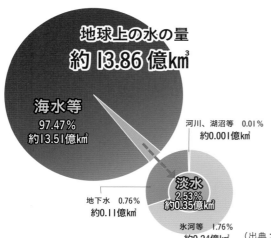

地球上の水の量
約 13.86 億km³

海水等
97.47%
約13.51億km³

河川、湖沼等 0.01%
約0.001億km³

淡水
2.53%
約0.35億km³

地下水 0.76%
約0.11億km³

氷河等 1.76%
約0.24億km³

（出典：国土交通省「令和元年版
日本の水資源の現況」より）

▶ 家庭で最も水を使うのは？

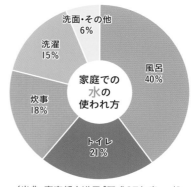

洗面・その他
6%

洗濯
15%

風呂
40%

家庭での
水の
使われ方

炊事
18%

トイレ
21%

（出典：東京都水道局「平成27年度 一般
家庭水使用目的別実態調査」より）

（左）地球上の水のほとんどは海水です。淡水の多くは、北極・南極地域などの氷や氷河で、主に水道の水源として利用される地下水、河川や湖沼などの水は全体の約0.8%しかありません。（右）家庭の中で多く水を使うのは風呂とトイレです。

語句解説

淡水=fresh water
氷河=glacier
地下水
=underground water

写真から読み取ろう

© PIUS UTOMI EKPEI / AFP

This photo taken on November 17, 2017 in the Papalanto village in Ogun state, southwest Nigeria, shows a pit latrine. The United Nations marks November 19 as "World Toilet Day".

2017年11月17日にナイジェリア南西部のオグン州のパパラント村で撮影された、地面に穴を開けただけのトイレです。国連は11月19日を「世界トイレの日」に定めています。

▶開発途上国向けのトイレ事業

世界の約20億人が安全で衛生的なトイレを使えていません。そのうち6億7,300万人が日常的に屋外排泄を行っており、水源汚染、感染症、子どもや女性への影響など、衛生問題は深刻です。日本の企業LIXILは、下水道が未整備でも利用できるトイレ事業を展開しています。

インドの人たちにSATOの仕組みを説明しています。（写真提供：LIXIL）

開発途上国向け簡易式トイレシステム「SATO」。安価で設置が簡単。排泄物を流すとその重みで弁が開く仕組みで悪臭や虫を低減できます。（写真提供：LIXIL）

A Gosh it's so hot!!! I need to drink some water!!

B You know, we shouldn't **take it for granted** that we can drink as much water as we want from the **tap** like this.

A What do you mean?

B We take it for granted but there is still many girls and women around the world who have to collect water for the family from **water sources**.

A Water sources?

B You're lucky if you have access to safe water **nearby**. Some women have to spend hours collecting water from rivers, streams and ponds which are unsafe to drink.

語句解説

take ~ for granted
～を当然のことと思う

tap
（水道などの）蛇口

water source
水源

nearby
近くの

日本語訳

A 暑いよね!　水が飲みたい!

B こんな水道の蛇口から好きなだけ水が飲めるって、とてもラッキーなことなんだよ。

A どういう意味?

B ぼくたちにとっては水道なんて当然のことかもしれないけれど、世界には水源から家族のために水をくまなければならない女性がたくさんいるんだ。

A 水源っていうと?

B 近くに安全に飲める水があれば幸運なほうだね。必ずしも安全な飲み水とは言えない川や小川や池まで、女性たちが何時間もかけて水をくみにいかなければならないんだ。

// Key Words // テーマの重要語句を覚えよう

purification	浄化
sanitation	衛生（清潔で安全な環境など）
hygiene	衛生（健康によい習慣など）
tap water	水道、水道水
well	井戸
septic tank	浄化槽
sewage	下水道
トイレの呼び方 = bathroom, restroom, lavatory, men's room, ladies' room, etc.	

// Discussion // Goal 6 について話し合おう

◆ Looking around, are there any clever examples of water conservation methods?

身の回りに節水のよい例はありますか?

◆ You might like to come up with a new idea of your own!

自分なりの新しい節水のアイディアを考えてみてもいいですね!

映像で理解を広げよう

© AFP

コンゴ民主共和国のゴマに住む人たちにとって、キブ湖はかけがえのない水資源。なぜならエボラ出血熱の感染を防ぐ基本的な手段は、定期的に手を洗うことだからです。

Asuka Academy
[SDGs7-10] エボラと水資源
（動画の見方➡11ページ）

Goal 7

Affordable and Clean Energy

持続可能な開発目標【7】
エネルギーをみんなに そしてクリーンに

すべての人々の、安価かつ信頼できる持続可能な近代的エネルギーへの
アクセスを確保する

Reading,Dialogue
の英文を聞こう！

Reading 　英語で理解しよう

語 句 解 説

In less than 100 years. That's how long **energy resources** will **last** on our planet. The clock is ticking. Time is running out and so is our energy. **Oil** will end by 2052: only 31 years left. **Natural gas** will end by 2060: only 39 years left. **Coal** will last till 2090: only 69 years left.

Due to emerging economies, climate change, and so forth, the world's energy **consumption rate** is on the rise. To **keep up** with global **demand**, we are using up the limited energy resources that the earth has kept for millions of years. But if we limit the use of energy, there will be millions of people around the world who will have to live without electricity. There is an **urgent** need to **make a transition** to affordable, clean, and sustainable energy not only for people today but also for our children in the future.

energy resource
エネルギー資源

last
続く、持ちこたえる

oil
石油 (petroleum)

natural gas
天然ガス

coal
石炭

due to
〜のため

consumption rate
消費率

keep up
ついていく、保つ、続ける

demand
需要

urgent
急を要する、緊急の

make a transition
移行する

モロッコの砂漠の都市ワルザザートにある、巨大な太陽光発電所。

日 本 語 訳

　　地球という惑星に残されたエネルギー資源はもう100年分すら残されていません。時計の針はどんどん進み、時間もエネルギーも尽きつつあります。今のペースで使っていけば、石油は2052年にはなくなってしまいます。たったの31年分しか残されていないのです。天然ガスは2060年まで、つまりあとたったの39年です。石炭は2090年までは持ちます。それでも69年分です。

　　新興国の台頭、温暖化など地球のエネルギー消費率は増加する一方です。世界が求めるままにエネルギー供給に応じてしまうと、地球が何百万年もの間守ってきた、限りあるエネルギー源を使い果たしてしまいます。しかし、使うエネルギーに制限をかけてしまうと、何百万人もの人たちが電力がない状態での生活を強いられてしまいます。今の私たちや未来の子どもたちのために、入手可能で、環境にやさしく、持続可能なエネルギーへの転換が急がれます。

1 What is happening to our energy resources?

世界のエネルギー資源にどんなことが起こっていますか?

2 How much time do we have left before all the energy resources are exhausted?

エネルギー資源が尽きるまでに、どれくらいの時間が残されているのでしょう?

3 What can we do to save energy?

どうすればエネルギーを節約できますか?

// **Thinking** // 図表やマップを見ながら考えよう

▶ 日本のエネルギー供給構成と自給率は?

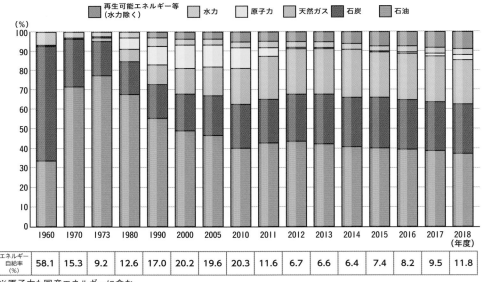

■ 再生可能エネルギー等（水力除く）　□ 水力　□ 原子力　■ 天然ガス　■ 石炭　■ 石油

エネルギー自給率(%)	58.1	15.3	9.2	12.6	17.0	20.2	19.6	20.3	11.6	6.7	6.6	6.4	7.4	8.2	9.5	11.8
(年度)	1960	1970	1973	1980	1990	2000	2005	2010	2011	2012	2013	2014	2015	2016	2017	2018

※原子力も国産エネルギーに含む

一次エネルギー国内供給構成及び自給率の推移（出典：経済産業省『エネルギー白書2020』より）

日本のエネルギー自給率（自国内で確保できるエネルギーの比率）は、1960年度には石炭や水力など国内の天然資源により58.1%でしたが、それ以降大幅に低下しました。2018年度は再生可能エネルギーの導入や原子力発電所の再稼動が進み、エネルギー自給率は11.8%となっています。

語句解説

エネルギー自給率
=energy self-sufficiency rate
再生可能エネルギー
=renewable energy

▶ 各国の太陽光発電への取り組みはどうなっている？

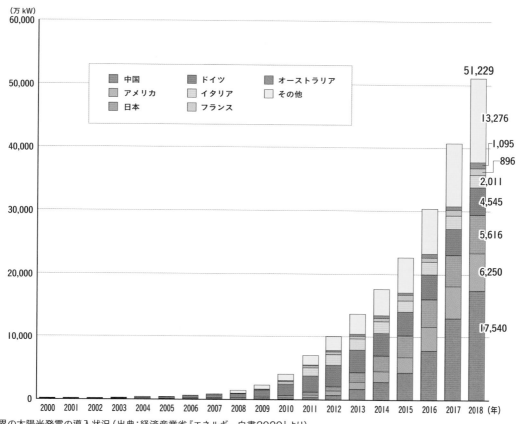

（万kW）

凡例
■ 中国　■ ドイツ　■ オーストラリア
■ アメリカ　■ イタリア　□ その他
■ 日本　■ フランス

2018年の数値：
- 51,229
- 13,276
- 1,095
- 896
- 2,011
- 4,545
- 5,616
- 6,250
- 17,540

世界の太陽光発電の導入状況（出典：経済産業省『エネルギー白書2020』より）

世界の太陽光発電の導入は2000年代後半から増え始めました。2018年の累積導入量は、1位が中国、2位がアメリカ、3位が日本です。2011年と2018年のグラフを比較すると、どんな違いが読み取れますか。なぜこのような変化が起こったのか考えてみましょう。

語句解説

太陽光発電＝solar power

Goal 7

写真から読み取ろう

© PAUL ELLIS / AFP

イングランド北西部のニューブライトンから見た、アイリッシュ海のバーボバンク洋上風力発電所。洋上風力発電は、日本では採算を取るのが難しく、撤退が続いていますが、世界では普及しています。

The Burbo Bank offshore wind farm in the Irish Sea viewed from New Brighton, North West England.

Dialogue   会話で理解を深めよう

語句解説

A If you're not using that video game, you should **unplug** it.

B Why? I'm going to be using it again later.

A It may seem like a **waste of time** to plug and to unplug, but these things count when **saving** energy.

B But why do you have to worry so much about energy?

A Japan uses lots of energy resources and the planet is **running out** of them.

B Who cares?

A We won't have enough left for our children and grandchildren if we continue to live the way we do now.

unplug
プラグを抜く
⇔plug　プラグで接続させる

waste of time
時間の無駄

save
守る、失わないようにする

run out
尽きる、終わる

日 本 語 訳

A このビデオゲームを使っていないなら、コンセントを抜いたほうがいいわ。

B どうして? また後で使うけど。

A コンセントを差したり抜いたりするのは時間の無駄だと思うかもしれないけど、こういうこともエネルギーを節約するためには重要なのよ。

B どうしてそんなにエネルギーのことを心配しているの?

A 日本はエネルギー資源の消費量が高いし、そのエネルギーは年々少なくなっているのよ。

B そんなこと、どうでもいいじゃん。

A でもね、今のような生活を続けていくと、私たちの子どもや孫の時代にはなくなってしまう恐れがあるのよ。

Key Words

power plant	発電所
thermal	火力
atomic (nuclear)	原子力
hydro	水力
fossil fuel	化石燃料
petroleum	石油
oil shale	オイルシェール（油頁岩） ※化学処理して、シェールオイルやシェールガスを製造する

Discussion

Goal 7

◆ What kind of energy is used in Japan to support our living?

日本では生活のために、どのような種類のエネルギーを使っているのでしょう?

◆ Look up how much energy is used for transportation, lighting, cooking, bath and air conditioning.

移動、照明、料理、お風呂、冷暖房など、エネルギーを何のためにどれだけ使っているか調べてみましょう。

映像で理解を広げよう

© AFP

中国、韓国、インドネシアなど各国の再生可能資源の活用についての映像。世界各国で急速に進歩している一方で、克服すべき課題も見えてきました。

Asuka Academy
[自然を守る-05] 再生可能エネルギー

（ 動画の見方→11ページ ）

Goal 8
Decent Work and Economic Growth

持続可能な開発目標【8】
働きがいも経済成長も

包摂的かつ持続可能な経済成長とすべての人々の完全かつ生産的な雇用と
働きがいのある人間らしい雇用（ディーセント・ワーク）を促進する

Reading,Dialogue
の英文を聞こう！

// Reading | 英語で理解しよう

"Ikigai" is a Japanese **term** with no direct English translation, but **embodies** the idea of something worth living for. In other words, it expresses the reason why you get up in the morning.

The world-famous strong **work ethic** has made Japan an **economic power**. But working long hours has caused stress and health problems among workers. Many people believed that **economic growth** is good and necessary, but nowadays, its **side-effects** are widely recognized and cures are sought. Younger generations are searching for harmony between good-paying jobs and fulfilling **career** and personal lives.

In 1999, the **ILO** proposed the concept of "**decent work**," but in some developing countries, to meet basic human needs is still far from being realized.

語 句 解 説

term
用語

embody
具体化する、体現する

work ethic
労働倫理

economic power
経済大国、経済力

economic growth
経済成長

side-effect
副作用

career
キャリア

ILO（International Labor Organization）
国際労働機関

decent work
働きがいのある人間らしい仕事

インドネシアの避難所（シェルター）で、縫製の職業訓練に参加するロヒンギャ難民。　　© REZA JUANDA / ANADOLU AGENCY / AFP

日 本 語 訳

　「生きがい」は日本特有の言葉で、英語に訳せるぴったりの語彙がありません。生きていく上での目標を表す言葉です。生きがいがあるから、朝、起きられると言ってもいいかもしれません。

　世界的に有名な高い労働倫理が日本を経済大国に押し上げたのですが、一方で長時間働く人々の間にストレスや健康問題を生じさせました。多くの人が、経済成長はよいこと、必要なこと、と信じてきましたが、近年はその副作用も認識され、解決策も模索されています。若い世代は、高給の得られる仕事と、自己実現や豊かな私生活の調和を求めています。

　1999年にILOは「ディーセント・ワーク」を提唱しましたが、いくつかの発展途上国では、まだBHN（Basic Human Needs＝最低限の生活を送るために必要なこと）の充足すら達成されていません。

// Question // 内容をつかもう

1 What does Ikigai mean in English?

「生きがい」を英語で表現すると?

2 What are the typical characteristics of Japanese working styles?

日本人の働き方の特徴は何ですか?

3 What are the younger generations searching for?

若い世代は何を求めていますか?

// Thinking // 図表やマップを見ながら考えよう

▶ 日本人は働きすぎ?

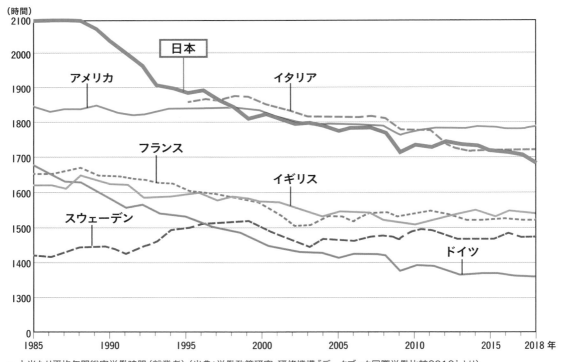

一人当たり平均年間総実労働時間（就業者）（出典：労働政策研究・研修機構『データブック国際労働比較2019』より）

日本の就業者の平均年間労働時間は、1988年では2,092時間でしたが、同年の改正労働基準法の施行を機に減少し、2018年には 1,680時間になっています。

語句解説

労働時間=working time

▶ 職業を選ぶ際に何を重視するか

	日本 (n=1,134)	韓国 (n=1,064)	アメリカ (n=1,063)	イギリス (n=1,051)	ドイツ (n=1,049)	フランス (n=1,060)	スウェーデン (n=1,051)	2013年度調査(日本) (n=1,175)
収入	70.7	61.9	70.0	62.7	68.5	63.2	62.4	66.6
労働時間	60.3	54.9	63.4	64.2	61.4	44.3	58.2	51.7
通勤の便	38.7	36.2	41.4	43.8	53.3	31.3	42.5	37.1
仕事内容	63.1	46.5	55.1	53.1	44.2	59.4	58.9	62.6
職場の雰囲気	51.1	54.7	40.8	36.3	55.2	36.1	46.6	48.9
仕事の社会的意義	11.6	13.7	19.8	15.5	16.1	11.7	17.5	11.8
事業や雇用の安定性	25.8	27.3	31.6	25.5	35.1	23.0	26.4	24.5
将来性	26.8	34.5	38.6	36.7	43.0	25.5	36.6	28.3
専門的な知識や技能を生かせること	19.0	22.8	26.7	19.3	26.8	21.1	20.7	20.8
能力を高める機会があること	17.3	23.7	29.1	28.9	33.0	25.1	27.3	19.9
自分を生かすこと	25.4	25.2	31.3	26.4	20.4	19.0	23.6	35.3
自分の好きなことや趣味を生かせること	27.2	36.8	33.2	25.3	41.8	26.5	43.4	31.2
その他	1.9	2.3	1.2	0.5	1.7	0.3	0.5	1.2
わからない	6.7	5.8	4.7	6.1	2.8	4.2	4.5	5.7

(%)

※調査対象：各国満13歳から満29歳までの男女。
（出典：内閣府「我が国と諸外国の若者の意識に関する調査（平成30年度）」より）

日本の若者が仕事を選ぶ際に重視することは、「収入」（70.7％）、「仕事内容」（63.1％）、「労働時間」（60.3％）、「職場の雰囲気」（51.1％）の順です。

写真から読み取ろう

© Raul ARBOLEDA / AFP

コロンビアのリサラルダ県サントゥアリオ市の農場でコーヒー豆を持つ男性。コーヒー危機は小規模生産者に影響を及ぼし、その多くは「わずかな」国際価格の下落で破産してしまいます。

A man holds coffee grains at a farm in Santuario municipality, Risaralda department, Colombia. The coffee crisis is affecting small producers, many of which tend to disappear due to the "paltry" international prices.

語 句 解 説

A What kind of job are you interested in getting after college?

B That's a good question. I have not thought about it seriously, but I want to make some **contribution** to society.

A Do you have something in mind?

B I'd like to be a YouTuber. It'll be a lot of fun.

A How can you help people through YouTube?

B I believe smiles are not **luxuries**, but necessary for living a happy life. I don't want to work **around the clock**.

A Good for you. I hope you'll be successful enough to **make ends meet**.

contribution
貢献、寄与

luxury
贅沢品

around the clock
昼夜、休みなく

make ends meet
収支を合わせる

日 本 語 訳

A 大学を卒業したら、どんな仕事に就きたいと思ってる?

B いい質問だね。真剣に考えたことなかったけど、社会に貢献したいなぁとは思ってるよ。

A 何か考えていることはあるの?

B ぼくはYouTuberになりたいんだ。楽しそうだし。

A YouTubeで、どうやって人々を助けるつもりなの?

B 笑顔は、決して贅沢なおまけではなく、幸せな人生を送るための必需品だと思うんだ。それに、ぼくは休みなく長時間働きたくないし。

A それはいいけど、成功して、ちゃんと生活が成り立つといいわね。

Key Words // テーマの重要語句を覚えよう

GDP (Gross Domestic Products)	国内総生産
growth rate	経済成長率
disposable income	可処分所得
saving rate	貯蓄率
minimum wage	最低賃金
exploitation	搾取
long working hours	長時間労働
QOL (Quality of Life)	生活の質

Discussion // Goal 8 について話し合おう

◆ What are the important criteria for you to choose your career?

職業を選ぶ重要な基準は何ですか?

◆ Which do you choose a "tough but high-salary job" or an "average-salary job to make yourself very happy"?

「ハードだが高給の仕事」と「自分をとても幸せにする平均給与の仕事」のどちらを選びますか?

◆ Do you want to or not want to work in a developing country? Why?

発展途上国で働きたいですか、働きたくないですか? そしてそれはなぜですか?

Goal 8

映像で理解を広げよう

© AFP

ポーランドでは、石炭が主要なエネルギー資源であり、およそ6万人が炭鉱で働いています。危険で体に負担のかかる仕事でありながら、彼らが働き続ける理由は何でしょうか。

Asuka Academy
[SDGs4-03] 炭鉱に生きる

動画の見方➡11ページ

Goal 9

Industry, Innovation and Infrastructure

持続可能な開発目標【9】
産業と技術革新の基盤をつくろう

強靭（レジリエント）なインフラ構築、包摂的かつ持続可能な産業化の促進と
イノベーションの推進を図る

Reading,Dialogue
の英文を聞こう!

// Reading // 英語で理解しよう

語句解説

Common sense dictates that a bus must have a driver, but this is not necessarily true anymore. A new bus service launched in a German city carries six passengers between the town center and the main station, but no one drives the vehicle.

Technological innovation makes it possible to operate the small bus with no driver on-board thanks to AI and advanced mechatronics. Fewer employees are expected to work in the transportation industry in Germany and around the world.

Some people are concerned their jobs might be lost. Meanwhile, others expect a new market will increase the opportunities to take advantage of human creativity. The future of the human-machine relationship will define the course of society and one's career.

common sense
常識

dictate
命じる

launch
起動

passenger
乗客

vehicle
車両、乗り物

technological innovation
技術革新

on-board
車中に（の）

AI (artificial intelligence)
人工知能

transportation
輸送

take advantage of
～を活用する

define
定義する、意味を明確にする

ドイツ初の自動運転公共交通機関バスが運行を開始しました。 © Christof STACHE / AFP

日 本 語 訳

　　常識によればバスには運転手が必要だ、と言われてきましたが、必ずしもこれからもそうとは限りません。ドイツの都市で始められた新しい路線は、6人の乗客を乗せて、街の中心部と中央駅を往復しますが、車両を操縦する人はいません。

　　技術革新によって、このようなバスが運転手なしで走ることが可能になりました。これは人工知能とメカトロニクスの進歩によるものです。ドイツでも、あるいは世界中どこでも、輸送産業で働く労働者の数は少なくなることが予想されています。

　　自分の仕事が失われるのではないかと心配する人々もいる一方で、新しい市場が開発され、人間の創造力を発揮する機会が増えることを期待する人たちもいます。人と機械が今後、どのような関係になっていくかが、社会の進路と一人ひとりの生き方を決めていくでしょう。

1 What is the new service that was launched in Germany?

ドイツで始まった新しいサービスは何でしょうか?

2 With the advancement of technical innovation, what will happen to the human workforce related to transportation?

技術革新によって、交通輸送に関する労働力にはどんな影響が起こるでしょうか?

3 What effects will the new market bring to society?

新しい市場は、社会にどんな影響をもたらすでしょうか?

Thinking 　/ 図表やマップを見ながら考えよう

▶ 日本での「自動運転」はどう実現する?

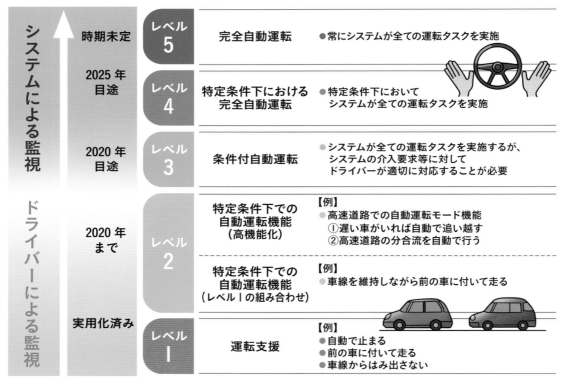

（出典：国土交通省「運転支援技術・自動運転技術の進化と普及」より作成）

運転自動化レベルは、レベル0（自動運転機能なし）からレベル5（運転手がいない完全な自動運転）に分けられています。2020年4月から道路交通法が改正され、「レベル3」の自動車が公道を走行できるようになりました。

電池技術の特許数で日本は大きくリード

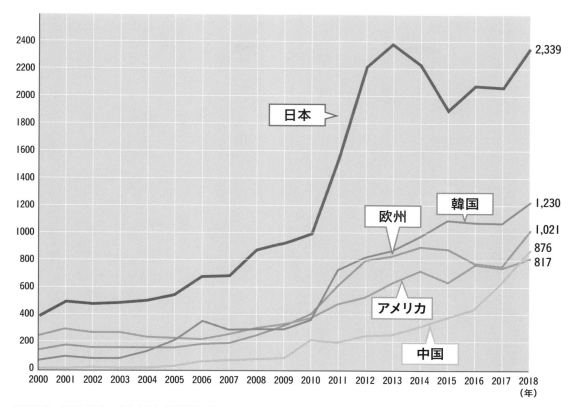

電池技術の国別特許数の推移（出典：欧州特許庁）

日本は次世代の電池技術競争で世界をリードしており、とくに電気自動車などに使用されるリチウムイオン電池の特許出願数は大きく伸びています。ガソリン車の廃止を数年後に見すえて、自動車メーカーは電気自動車や燃料電池車への転換を迫られています。

語 句 解 説

リチウムイオン電池
=lithium-ion battery
燃料電池=fuel cell

映像で理解を広げよう

© AFP

27歳の青年がスペインで創業した配送サービス会社では、すべての製品を1時間以内に届けるため、優れた機械学習モデルを使っています。

Asuka Academy
[SDGs8-06] 新しい産業
動画の見方➡11ページ

語 句 解 説

A Have you seen the stylish bus parked in front of the station?

B **Not yet**. What's so special about it?

not yet
まだです、まだ～ない

A It's unbelievable! You should go and see it. There's no driver's seat in the bus.

B Really? You mean like in a **sci-fi** movie?

sci-fi
SFの (science fiction の略)

A Get real! It's the 21st century!

B Then who drives it?

A AI. It's 100% **automatic**. This trend, I think, will fundamentally transform the transportation system in many other cities.

automatic
自動の、自動式の

B **Sounds like** a real "automobile!"

sounds like
～のように聞こえる

日 本 語 訳

A 駅前に停まってたかっこいいバス見た?

B ぼくは見てないけど、それ、何か特別なの?

A もう信じられないわ!　絶対見に行くべきね。バスに運転席がないんだから。

B え、SF映画みたいに?

A 何言ってるの、今はもう21世紀なのよ。

B じゃあ、誰が運転するのさ?

A 人工知能よ。完全な自動運転なの。この傾向は他の多くの都市の輸送システムを抜本的に変えていくだろうと思うわ。

B それこそが本来の意味でも自動的に走る「自動車」ってわけだね。

// Key Words // テーマの重要語句を覚えよう

breakthrough technology	画期的な技術
invention	発明
investment in R&D (research&development)	研究開発投資
patent	特許
5G	第5世代移動通信システム
big data	ビッグデータ
infrastructure	インフラ。道路、橋、ダムなどの社会基盤
laboratory, research institute	研究機関

// Discussion // Goal 9 について話し合おう

◆ Have you ridden a bus or train without a driver?

運転手のいないバスや電車に乗ったことはありますか?

◆ Would you prefer using a bus with a driver or one without? Why?

運転手のいるバスと無人のバス、どちらに乗りたいですか? それはなぜですか?

◆ What do you think of the future of human-machine relationship? Are you optimistic or pessimistic?

人間と機械の関係の未来についてどう考えますか? あなたは楽観的ですか、それとも悲観的ですか?

映像で理解を広げよう

© AFP

海やごみの埋め立て地に捨てられるペットボトルは、分解に400年以上かかると言われています。リサイクルよりも新しくプラスティックを作るほうが安いという問題を解決するために、何ができるでしょうか?

Asuka Academy
[SDGs3-08] プラスティックの再利用

（ 動画の見方➡11ページ ）

10 REDUCED INEQUALITIES

Reduced Inequalities

持続可能な開発目標【10】
人や国の不平等をなくそう

国内及び各国家間の不平等を是正する

Reading,Dialogue
の英文を聞こう!

// Reading // 英語で理解しよう

There is a huge **gap** in income between **the rich** and **the poor** in the world. The **Gini coefficient** is a commonly used **measure** of income **inequality** indicated by a single number between 0 and 1; the higher the number, the greater the degree of income inequality exists among a population.

The problem is that the gap has been expanding in recent years, rather than narrowing in many parts of the globe. **The haves** are getting more **affluent**, **the have-nots** becoming poorer.

There is a consensus that the lack of effective means for wealth **redistribution is regarded as** the cause. International organizations including the UN have discussed the issue since their **establishment**, but the **solution** has not been found yet.

語句解説	
gap	格差
the rich	金持ち、富裕層
the poor	貧困層
Gini coefficient	ジニ係数
measure	基準、指標
inequality	不平等
the haves	富める者
affluent	豊かな
the have-nots	持たざる者
redistribution	再分配
be regarded as	～と見なされる
establishment	創設、設立
solution	解決（策）

フィリピンでは、高度経済成長の象徴とも言うべき高層ビルが急ピッチで建設される一方、
発展から取り残された人たちは、相変わらず貧しい暮らしを余儀なくされています。

© JAY DIRECTO / AFP

日 本 語 訳

　　世界のお金持ちと貧しい人たちとの間には、巨大な収入の格差があります。ジニ係数は、所得の不平等を表すために広く使われている指標で、0から1までの数字で表します。数字が大きく1に近いほど格差が深刻だという意味になります。

　　さらに問題は、近年、その格差が狭まるどころか、世界各地で広がってきているということです。「富める者」はますます豊かになる一方、「貧しき者」の貧困は深まっています。

　　富の再分配を行う有効な方法がないことが原因だというのが通説とされています。国連をはじめとする国際機関は、創設以来この問題を協議してきましたが、解決策を見いだすには至っていません。

内容をつかもう

1 What is a Gini coefficient?

ジニ係数とは何でしょうか?

2 Are there any changes in situation between the rich and the poor?

富める者と貧しき者との関係に何か変化はありますか?

3 Have the UN come up with a solution to solve the problem?

国連は、格差の問題を解決するための対策を考え出すことができたのでしょうか?

// Thinking // 図表やマップを見ながら考えよう

▶ 所得格差の大きな国はどこ?

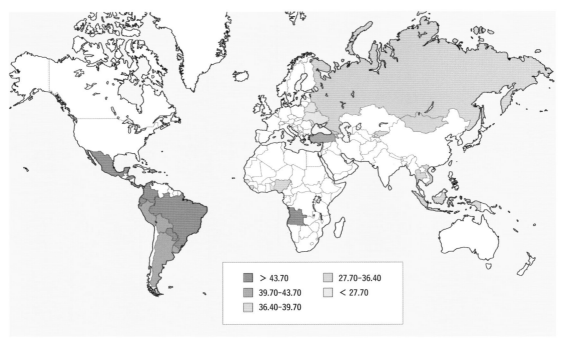

世界のジニ係数〔2018年〕(出典:世界銀行データより)

ジニ係数は社会における所得分配の不平等さを示す指標で、0に近いほど格差が小さい状態を示します。格差は社会の不満となり、ジニ係数0.4(40%)以上は社会騒乱の警戒ライン、0.6(60%)以上は危険ラインとされます。

語 句 解 説

所得分配
=income distribution

68

▶ 日本の所得格差は改善しているの?

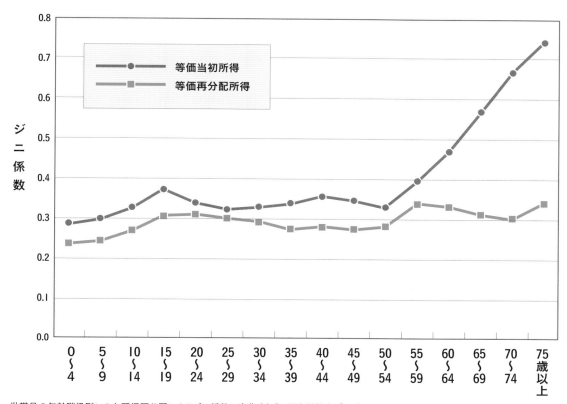

世帯員の年齢階級別にみた所得再分配によるジニ係数の変化（出典：厚生労働省：「平成29年所得再分配調査報告書」より）

Goal 10

「当初所得」とは、所得税や社会保険料を払う前の所得、「再分配所得」とは、当初所得から税や社会保険料負担を控除し、公的年金や、医療、介護、保育などの現物給付を加えたものです。60歳以上では、社会保障給付などによって大幅に所得格差が縮小し、ジニ係数が低下していることがわかります。

映像で理解を広げよう

© AFP

工業化でめざましい経済発展を遂げるエチオピア。しかし、世界最低の給与水準で働く人たちの多くが低賃金に幻滅し、次々と離職しているのです。

Asuka Academy
[SDGs9-10] まっとうな仕事

動画の見方 ➡ 11ページ

Dialogue　会話で理解を深めよう

A What a **contrast**! Even in the same city, people live in totally different worlds.

B Wow, the skyscrapers are **magnificent**, while the **shanty town** looks, ahh, "**miserable**". I don't know how to put it into words.

A I have never been to a place with such huge inequality. People living in **disadvantaged** areas must feel **frustrated**. Don't they want to move to a more affluent part of the city?

B I **bet** they do, but how? Things are not that simple. Poor people cannot get high-level education, cannot get good jobs, cannot earn good salaries and cannot buy or rent decent apartments.

日本語訳

A これはまた対照的な風景ね。同じ都市の中でも、別世界に住んでる人がいるみたい。

B ワーオ、超高層ビルは立派だけれど、スラムのほうは、うーん、何と言ったらいいか「悲惨」だよね。

A 私もこんなに大きな不平等があるところに行ったことはないの。恵まれない地区に住んでいる人たちはさぞかし不満を感じるだろうと思うわ。街のもっと豊かな地域に住みたいと思わないのかしら?

B きっと思っていると思う。ただ、どのようにして、が問題だね。そんなに簡単な話じゃない。貧しい人たちは高いレベルの教育を受けられないから、よい仕事につけないし、高い給料ももらえない。だから、ちゃんとしたアパートを買ったり借りたりできないんだ。

// Key Words // テーマの重要語句を覚えよう

redistribution of wealth	富の再分配
income tax	所得税
progressive taxation	累進課税
basic income	ベーシック・インカム、基本所得保障、最低生活保障
inclusive	社会包摂の
universal design	ユニバーサルデザイン（高齢者や障がい者にも使いやすく設計すること）

// Discussion // Goal 10 について話し合おう

◆ Are you aware of the existence of inequality among people, areas and countries?

人々の間に、また地域間、国家間に、不平等が存在することを知っていますか?

◆ What are the reasons, do you think, there is inequality in society?

社会に不平等が存在する理由は何だと思いますか?

◆ What would you feel if you had been born in a low-income family in that city?

もし、この写真の街の貧しい家に生まれたとしたら、どのように感じるでしょうか?

Goal 10

映像で理解を広げよう

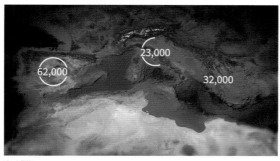

© AFP

ヨーロッパ各国で大きな問題となっている移民。途中で命を落とす人も少なくありません。彼らはどこを通り、どのようにやってきたのでしょうか?

Asuka Academy
[SDGs3-06] ヨーロッパへの移民ルート

(動画の見方➡11ページ)

11 SUSTAINABLE CITIES AND COMMUNITIES

Goal 11

Sustainable Cities and Communities

持続可能な開発目標【11】
住み続けられるまちづくりを

包摂的で安全かつ強靱（レジリエント）で持続可能な
都市と人間居住を実現する

Reading,Dialogue
の英文を聞こう！

// Reading / 英語で理解しよう

Between 1990 and 2016, the world saw progress in the proportion of the urban population living in **slums**, as the number fell from 46 to 23 percent. Unfortunately, this improvement was largely **offset** by population growth and **rural-to-urban** migration. Today, more than 1 billion people live in so-called "**inner cities**" or **informal settlements**, and over half of those are living in Asian countries. The **vast** majority of urban residents breathe poor-quality air and have limited access to health systems and open public spaces; there is a call for urgent action to reverse the current situation. In some areas, high **unemployment** and **crime** rates scare middle-income people off to **suburban** residential areas, thus further worsening the situation.

Continuous and coordinated efforts by various **stakeholders** are necessary to make cities more livable and **sustainable**.

語 句 解 説

slum
貧民街、スラム街

offset
相殺する

rural-to-urban
農村から都市へ

inner city
貧困者が多く住む都心の過密
地区

informal
非公式の、略式の

settlement
定住（複数形は「居住地域」）

vast
非常な、多大の

unemployment
失業、失業率、失業者数

crime
犯罪

suburban
郊外の、市外の

continuous
継続的な

stakeholder
利害関係者、ステークホルダー

sustainable
持続可能な

ミラノの建築家ステファノ・ボエリによる「ボスコ・バーティカル（垂直森林）」。
植栽の効果で温度が2〜3度低下します。

© Annette Reuther / DPA / AFP

日 本 語 訳

　　1990年から2016年にかけて、世界の都市住民の中でスラムに住む人々の割合は46%から23%へと半減しました。しかし、こうした改善も、人口の増加と農村から都市部への人口流入によって、相殺されてしまいました。今日でも10億人以上の人たちがいわゆる「インナーシティ」や、仮設の住居などに住んでおり、その半数以上がアジアの国々に集中しています。都市住民の圧倒的多数が大気汚染に苦しみ、また、医療制度や公共スペースの利用も限られており、こうした状況を改善する取り組みが緊急に必要です。地域によっては、失業率と犯罪率が高く、所得レベルが中ぐらいの人たちは怖がって郊外に引っ越すようになり、都市部の状況がさらに悪化しています。

　　都市をもっと住みやすく、持続可能にしていくためには、多くの利害関係者が力を合わせ、継続的に取り組んでいくことが必要不可欠です。

1 What happened from 1990 to 2016?

1990年から2016年の間に何が起こりましたか?

2 Who are the residents of the so called "inner cities"?

「インナーシティ」と呼ばれる地域の住民はどんな人でしょう?

3 What kind of social and economic problems can you find in the text?

この文章の中には、どんな社会的・経済的問題が指摘されていますか?

// **Thinking** / 図表やマップを見ながら考えよう

▶ 日本では39道府県で人口が減少

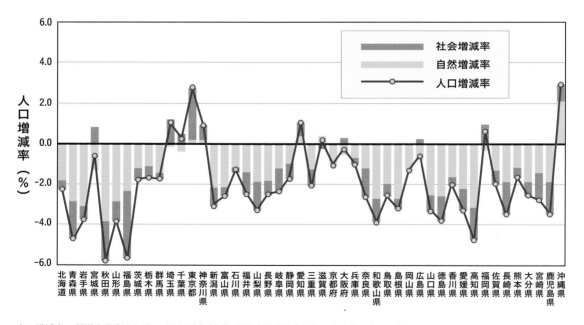

人口増減率―都道府県〔2010年～2015年〕(出典:総務省統計局「平成27年国勢調査」より)

人口の増減には、出生や死亡による増減(自然増減)と、転入や転出による増減(社会増減)があります。2010年～2015年の自然増減率は、5都県で増加、42道府県で減少しています。社会増減率は、35道県で減少しています。合計で、39道府県で人口が減少しました。

▶ 活かされない「空き家」が増え続けている

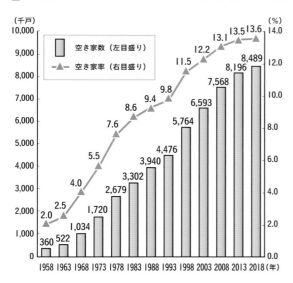

空き家数及び空き家率の推移—全国〔1958〜2018年〕
（出典：総務省「平成30年住宅・土地統計調査 住宅及び世帯に関する基本集計 結果の概要」より）

2018年10月1日の日本の総住宅数は6,240万7千戸で、空き家数は848万9千戸と5年前に比べて29万3千戸（3.6％）増加しました。空き家率（総住宅数に占める割合）は13.6％と過去最高となりました。

| 語 句 解 説 |
空き家=vacant house

▶ ともに助け合う「シェアリングエコノミー」の仕組み

シェアリングエコノミー（共有経済）とは、場所やモノ、サービスなどを個人同士が貸し借りしたり、売買や交換をする経済活動のことです。空き家を宿泊施設として貸し出したり、子育てを終えた人に家事を代行してもらうなど、眠っている資産を活用することで、地域社会の活性化につながることも期待されています。

| 語 句 解 説 |
シェアリングエコノミー（共有経済）
=Sharing Economy

写真から読み取ろう

伊勢神宮の式年遷宮で、御用材を内宮・外宮の宮域に運搬する「お木曳（おきひき）」の行事。　（写真提供：神宮司庁）

▶昔からあったシェアリングエコノミー

神社などで、決まった周期で社殿を新しく造り替えることを「式年遷宮」と言います。これによって熟練者が若手に造営技術を継承し、解体した建材を他の神社で活用するといったシェアリングが可能になります。三重県の伊勢神宮では1300年前から、20年に一度の式年遷宮が行われています。

Dialogue　会話で理解を深めよう

A Why do so many people choose to live in a big city?

B Why not? A large metropolis is convenient for work and fun to **shop around**. I enjoy urban life.

A But at what cost? There are so many demerits, like long **commuting** hours and **pollution**. We are supposed to live in a more natural environment, aren't we?

B You may be right. I **was born and raised** in a rural town. I sometimes **miss** trees and forests, rivers and mountains.

A That's exactly why some newly designed buildings are dressed in greenery and made of woody materials.

語句解説

shop around
店を見て回る、物色する

commute
通勤（通学）する

pollution
汚染、公害

be born and raised
〜で生まれ育つ

miss
〜がないので寂しく思う、なつかしく思う

日本語訳

A なぜ、たくさんの人が大都市に住むのかしら？

B 住まない理由ってあるの？　大きな街は仕事にも便利だし、買い物して歩くのも楽しい。都会暮らしをぼくはエンジョイしてるよ。

A でも、犠牲もないかな？　たとえば、通勤時間が長いとか環境汚染とかデメリットもあるよね。みんな、もっと自然な環境に住むことを望んでいるんじゃないかな？

B そうかもしれないね。ぼくは田舎の町で生まれ育ったんだ。森や林、川や山が恋しくなることがあるよ。

A だから、最近デザインされたビルの中には、緑で飾られたり、木材で造られたりしているものがあるのね。

Key Words

city planning	都市計画
residential area	住宅地
zoning	ゾーニング、用途指定
teleworking	在宅勤務など、オフィス以外の場所での勤務
natural disaster (earthquake, flood, mountain fire, tsunami)	自然災害（地震、洪水、山火事、津波）
disaster prevention	防災
shelter	避難所

Discussion
Goal 11 について話し合おう

◆ What are advantages and disadvantages in living in a large city? Please list the merits and demerits.

大都市に住むことのメリット・デメリットは何でしょうか？　リストアップしてみましょう。

◆ How can we alleviate the negative aspects of city life?

どのようにすれば、都市生活のマイナス面を緩和することができるでしょうか？

◆ If you were a city planner, how would you design your ideal city?

もしあなたが都市計画者だったら、理想的だと思う街をどのようにデザインしますか？

Goal 11

映像で理解を広げよう

© AFP

南アフリカの石炭の80％を産出している地域にある町、ミッデルバーグ。ここでは大気汚染と関係した呼吸器系疾患によって、毎年多くの住民が亡くなっています。

Asuka Academy
[SDGs4-06] 大気汚染

動画の見方 ➡ 11ページ

Goal 12

Responsible Consumption and Production

持続可能な開発目標【12】
つくる責任　つかう責任

持続可能な消費生産形態を確保する

Reading,Dialogue
の英文を聞こう！

// Reading // 英語で理解しよう

語|句|解|説

Governments across the world are campaigning for "**reuse, reduce** and **recycle**." As **mass production** enabled manufacturers to produce goods at a lower cost, consumers **tend to** treat cheap products casually. A wide variety of **household commodities** are sold at 100-yen shops. If you bought a transparent umbrella there, for example, and left it on the train, would you ask the railway staff to find it? Millions of usable umbrellas are **discarded nationwide** throughout the year. Convenience stores were once **accused** of disposing a massive amount of edible food after the designated **expiration** date and time.

How to balance economically efficient production and ecologically **sound consumption** is a challenging question we face today.

reuse
再利用する

reduce
減少する、縮小する

recycle
再生利用する、リサイクル

mass production
大量生産

tend to ～
～する傾向がある

household commodities
家庭用品、生活雑貨

discard
捨てる、処分する

nationwide
全国的な（に）

accuse
非難する、責める

expiration
満了

sound consumption
健全な消費

ガザ市の中古家電製品の店の前で自転車に乗るパレスチナ人の少年。

© MOHAMMED ABED / AFP

日 本 語 訳

　　世界各国の政府は「再使用、減量、資源としての再活用」を訴えています。大量生産の仕組みは生産者が製品を安価に製造することを可能にしたので、消費者は安い商品を雑に扱う傾向があります。たとえば、100円ショップでは多様な生活雑貨が売られています。もし、透明なビニール傘を100円ショップで購入して、それを電車に置き忘れたとき、鉄道会社の駅員さんに探してほしいと頼むでしょうか？　一年中、全国で何百万本もの使用可能な傘が廃棄されています。コンビニエンスストアは、かつて、賞味期限切れの食べ物を大量に処分しているとして非難されました。

　　経済的に効率的な生産活動と、環境的に健全な消費活動のバランスをいかに取っていくかは、今日の人類が直面している難問のひとつです。

1 What are the governments across the world campaigning for?

世界中の政府が訴えていることは何でしょうか?

2 How is a cheap product treated by consumers?

消費者は、低価格の商品をどう扱っているのでしょうか?

3 What are the examples of things that are thrown away?

あなたが捨てているモノの具体例を挙げてください。

// **Thinking** // 図表やマップを見ながら考えよう

▶ ごみはどれくらい減っている?

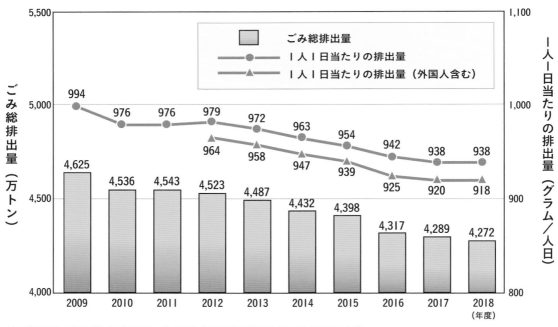

ごみ総排出量の推移 (出典:環境省「一般廃棄物処理事業実態調査 (平成30年度)」より)

2018年度のごみ総排出量は4,272万トンで、東京ドーム約115杯分に当たります。1人1日当たりのごみ排出量は918グラムです。ごみを埋め立てる最終処分場は数年のうちに満杯になると予想されています。そうなれば、焼却処分することになりますが、どんな問題が発生すると考えられるでしょうか。

語句解説
ごみ=trash, garbage, solid waste

日本のプラスチックごみは世界に輸出されている

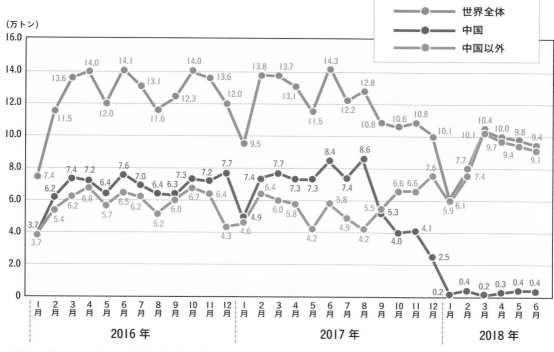

（万トン）

凡例:
- 世界全体
- 中国
- 中国以外

2016年: 1月 2月 3月 4月 5月 6月 7月 8月 9月 10月 11月 12月
2017年: 1月 2月 3月 4月 5月 6月 7月 8月 9月 10月 11月 12月
2018年: 1月 2月 3月 4月 5月 6月

我が国のプラスチックくずの輸出量（出典：環境省「プラスチックを取り巻く国内外の状況」より）

2017年以降、中国、タイなどアジア諸国で電子廃棄物や廃プラスチック、廃金属などの輸入規制が相次ぎ、日本のプラスチックくずの輸出量が大幅に減少しました。プラスチック包装材の使用を減らすことや、国内での資源の循環体制の整備が急がれています。

語句解説
輸出＝export
輸入＝import

Goal 12

写真から読み取ろう

© CHARLY TRIBALLEAU / AFP

2019年6月19日、大阪・道頓堀で、ごみであふれた郵便ポストの前を通り過ぎる女性。

Picture taken on June 19, 2019 shows a woman walking past garbage in the Dotombori district of Osaka.

// Dialogue //会話で理解を深めよう

語句解説

A How often do the **garbage collectors** collect the trash in your neighborhood?

garbage collector
ごみ収集の人（車）

B They come three times a week. The **burnable items** on Monday and Thursday, the non-burnable on Friday. Once a month, cans, plastic bottles and paper are collected for recycling.

burnable
可燃
item
もの

A Do you follow the community guidelines to **categorize** the garbage?

categorize
分類する

B Yes. But I sometimes wonder if I had separated the trash correctly. Some products use multiple materials and it makes me think twice.

A True. I wish **manufacturers** would produce goods that are **long-lasting** and easy to recycle.

manufacturer
製造業者、メーカー
long-lasting
長持ちする

日本語訳

A あなたの住んでいる地域では、どのくらいの頻度でごみ収集車が来るの?

B 週に3回だよ。可燃ごみが月曜日と木曜日、不燃ごみが金曜日。月に1回、缶やペットボトル、紙をリサイクルのために回収してる。

A ごみの分別に関して役所のルールをちゃんと守ってる?

B うん。でも、ときどき、正しく分別しているか迷うことがある。複数の材料を使っている製品もあるから、よーく考えないとね。

A ほんとね。製造業者の人たちには、長持ちしてリサイクルしやすい製品を作ってほしいと思うわ。

industrial waste disposal	産業廃棄物処理
incinerator	焼却炉
pollution	公害
pollutant	汚染物質
microplastic	マイクロプラスチック
plastic bag	レジ袋やビニール袋など
product liability(PL)	製造物責任

|| Discussion || Goal 12 について話し合おう

◆ In your town or city, how many categories does the local government tell you to separate the garbage?

あなたの市や町では、ごみを何種類に分別するよう指示していますか？

◆ Why do you think there are different trash separating rules in different areas?

異なる地域で異なるゴミ分別のルールがあるのはなぜでしょうか？

◆ Do you know the concept of "reuse, reduce and recycle"? Do you practice the principle?

3つのR（再使用、減量、資源としての再活用）の概念を知っていましたか？
それを実行していますか？

Goal 12

映像で理解を広げよう

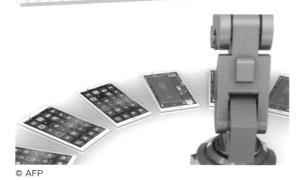

製品の寿命を短くすることで消費を増やすこと（計画的陳腐化）が、短期的に企業の売り上げを伸ばす場合もあります。しかし、「使い捨て社会」は、環境に大きな影響を与える可能性があります。

Asuka Academy
[SDGs3-04] 計画的陳腐化とは

（動画の見方➡11ページ）

© AFP

Goal 13

Climate Action

持続可能な開発目標【13】
気候変動に具体的な対策を

気候変動とその影響を軽減するための緊急対策を講じる

Reading,Dialogue
の英文を聞こう!

// Reading　// 英語で理解しよう

Greta Thunberg was a 15-year-old Swedish schoolgirl. In August 2018, she **skipped school** for three weeks and sat in front of the Swedish **parliament** every day to protest the lack of government action on the **climate change crisis**. She held up a handwritten sign that said, "School Strike for Climate." Her voice quickly went **viral** and her strike **turned into** a worldwide movement **involving** over seven million mostly young people in just a year. Greta spoke up because she wanted others to know there is a problem in our world which needed **attention**.

If there are any issues you think are not right, you can use your voice to **raise awareness**. You can have people sign **petitions**, or write letters to parliament, or you can even make an appointment with someone in **authority**. Your voice has the power to change the world.

語 句 解 説

skip school
学校を休む

parliament
議会、国会

climate change crisis
気候変動危機

viral
情報が口コミで拡散していく
様子

turn into ～
～に変わる

involve
巻き込む

attention
注意、注目

raise awareness
意識を啓発する

petition
嘆願書、請願書、署名集め

authority
権力、権威

ロシアの工業都市ノリリスク郊外の道路に現れた野生のホッキョクグマ。　　　© Irina Yarinskaya / Zapolyarnaya pravda newspaper / AFP
空腹のため、生息地から数百マイル離れた場所まで歩いてきたようです。

日 本 語 訳

　　グレタ・トゥーンベリはスウェーデンの15歳の生徒でした。2018年8月、彼女は学校を3週間休み、気候変動の危機に対して政府の対応が不十分だと抗議して、スウェーデン国会の前に毎日、座り込みをしました。「気候のために学校ストライキ決行中」という手書きのプラカードを握りしめていました。彼女の声は、またたく間にネットで広がり、1年のうちに700万人もの若者を巻き込む世界的な運動へと発展しました。グレタは、世界に注目すべき問題があることを知ってもらうために声を上げたのです。

　　もしあなたが、これは正しくない、と考える社会課題があったら、意識を喚起するために、問題提起することができます。署名活動をしたり、国会に手紙を書くこともできます。権限を持つ人に面会を求めることだってできるのです。あなたの声は、世界を変える力を持っています。

Goal 13

1 What did Greta Thunberg do when she was 15 years old?

グレタ・トゥーンベリは、15歳で何をしましたか?

2 What kind of influence did Greta have on other children?

グレタは他の子どもたちにどのような影響を与えましたか?

3 What would you like to change in our society?

あなたは社会のなかで何を変えたいですか?

// Thinking // 図表やマップを見ながら考えよう

▶ 世界の気温は少しずつ上昇している

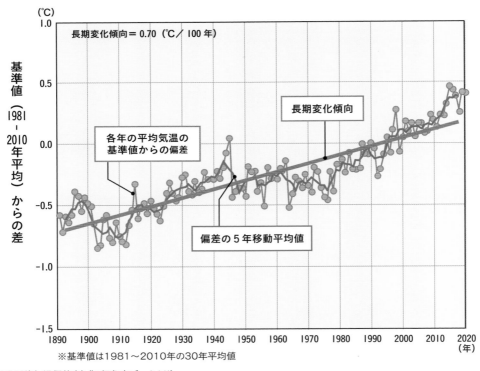

世界の8月平均気温偏差(出典:気象庁データより)

世界の8月平均気温を見ると、変動しながらも上昇しており、長期的には100年当たり0.70℃の割合で上昇しています。わずかな違いのように見えるかもしれませんが、地球規模では、非常に大きな影響をもたらします。

語句解説

平均気温
=average temperature

豪雨の回数が増えている

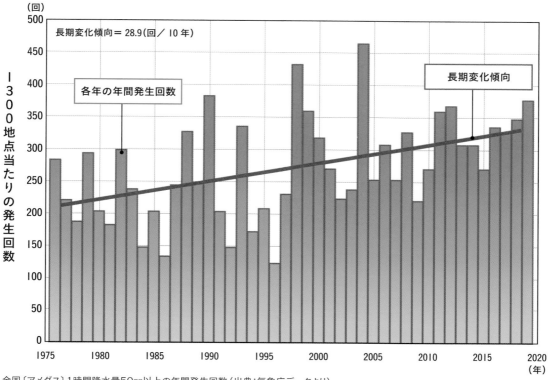

全国〔アメダス〕1時間降水量50mm以上の年間発生回数（出典：気象庁データより）

1時間の雨量が30〜50mm未満は「バケツをひっくり返したような」雨、50〜80mm未満は「滝のように降る」雨と形容されます。全国の1時間降水量50mm以上の年間発生回数は増加傾向で、最近10年間（2010〜2019年）の平均年間発生回数は約327回となり、統計期間の最初の10年間（1976〜1985年）の平均年間発生回数（約226回）と比べて約1.4倍に増加しています。

語句解説

降水量=precipitation

Goal 13

映像で理解を広げよう

© AFP

永久凍土層（ツンドラ）は北半球の大陸の25%を占めています。その9割が2100年までに溶けてしまう危険性があります。永久凍土層には大量のメタンガスが閉じ込められており、これが大気中に放出されると、さらに地球温暖化が進むと懸念されています。

Asuka Academy
[環境破壊 −07] 永久凍土層

動画の見方 ➡ 11ページ

語|句|解|説

A Hey, what are you making?

B I'm making a sign for the **protest rally** that I'm going to participate in this afternoon.

A What are you going to protest about?

B You must have heard that the glaciers in the **Arctic** are melting.

A Yes, I have. But how bad is it?

B Well for one, because there is less ice, the **polar bears** can't travel to get enough to eat.

A The bears travel on **sea ice** to hunt?

B Yes. It's a convenient transport for the polar bears. But now many are starving because they can't catch fish or sea **mammals**.

protest rally
抗議集会、デモ

Arctic
北極

polar bear
ホッキョクグマ

sea ice
海氷

mammal
哺乳類

日 本 語 訳

A あら、何作ってるの?

B 今日の午後、抗議デモに参加するので、プラカードを作っているんだ。

A 何に抗議するの?

B あなたも北極の氷河が溶けているって聞いたことあるでしょ。

A うん、あるけど、そんなにひどいの?

B たとえば、氷が少なくなったので、ホッキョクグマが移動できなくなり、エサを得られなくなっているって。

A シロクマは海氷に乗って狩りをするわけ?

B そう。海氷がホッキョクグマには移動のための便利な乗り物だった。今、魚や海に住む哺乳類を捕れないので飢えているんだ。

greenhouse gas(GHG)	温室効果ガス
Antarctica	南極
COP	国連気候変動枠組条約締約国会議
Paris Agreement	パリ協定(2016年発効)
sea level rise	海面上昇
glacier＝氷河、iceberg＝氷山(氷河などが分離したもの)、 sea ice＝海氷(海水が凍結したもの)	

// Discussion // Goal 13 について話し合おう

◆ Can you find some examples of things that have occurred due to the effects of climate change in Japan?

日本でも気候変動の影響で変化があったと思われる例を、いくつか挙げてください。

◆ Have you seen on TV or on the internet any news on international conferences about global climate change?

テレビやネットで、地球の気候変動に関する会議のニュースを見たことがありますか?

◆ What factors do you think would increase the awareness of the policy makers about the climate change?

政策立案者の気候変動に対する認識を深めるのに、どんな要素が働くでしょうか?

Goal 13

映像で理解を広げよう

© AFP

産業革命以降、化石燃料の燃焼によって、約2兆トンの二酸化炭素 (CO_2) が排出されています。また森林伐採でCO_2を吸収する植物が破壊されています。

Asuka Academy
[環境破壊 –06] 地球温暖化

(動画の見方➡11ページ)

14 LIFE BELOW WATER

Goal 14

Life Below Water

持続可能な開発目標【14】
海の豊かさを守ろう

持続可能な開発のために、海洋・海洋資源を保全し、
持続可能な形で利用する

Reading,Dialogue
の英文を聞こう!

// Reading //英語で理解しよう

Coral reefs support many different fish and other sea animals, making the ecosystem more **diverse** than any other part of the planet. Roughly 500 million people worldwide, mostly in developing countries, **live off** these marine resources.

Global warming and climate change are **threatening** the vulnerable balance. UNESCO is warning that coral reefs in all 29 reef-containing natural **World Heritage sites** might **cease to** exist by the end of this century if humans continue to emit greenhouse gases in the same manner as before. The Paris Agreement to control the global average temperature may be the last and only chance for the survival of coral reefs.

語 句 解 説

coral reef
サンゴ礁

diverse
多様な、異なった

live off
～で暮らしを立てていく、
～によって生きる

global warming
地球温暖化

threaten
脅す、脅かす

World Heritage site
世界遺産登録地

cease to
なくなる、消滅する

オーストラリアのグレート・バリア・リーフの海中。サンゴは、水温の上昇により、
共生している藻類がいなくなると白化し、死滅していきます。

© Roberto Rinaldi / AGF / Photononstop via AFP

日 本 語 訳

　　サンゴ礁は多くの魚類や水生動物を棲息させ、周囲の生態
系を地球上で最も多様なものにしています。発展途上国を中
心に、約5億人の人たちが、こうした海の幸のめぐみで生活して
います。

　　地球温暖化と気候変動は、この影響を受けやすい精妙なバ
ランスを脅かしています。ユネスコの警告によると、もし人類が
これまでのように温室効果ガスを排出し続けると、サンゴ礁を含
む世界自然遺産のうち29カ所が、今世紀末までになくなってしま
います。地球の平均気温を抑制しようとする「パリ協定」が、サ
ンゴ礁が生き残るための唯一最後のチャンスかもしれません。

Goal 14

1 How many people live off the marine resources? And where are they from?

どれくらいの人が海洋資源によって生計を立てているのでしょう?　また、生計の糧はどこからもたらされるのでしょうか?

2 What are the effects of climate change on coral reefs?

気候変動はサンゴにどんな影響を及ぼすでしょうか?

3 How can the Paris Agreement help?

「パリ協定」はどのように役立つでしょうか?

▶ 世界の海で「酸性化」が進んでいる

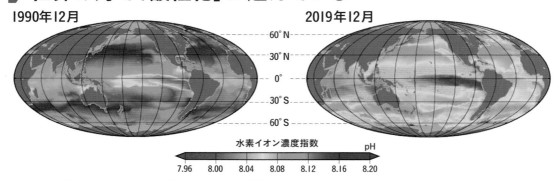

1990年12月　　　　　　　　2019年12月

水素イオン濃度指数　　　　pH

7.96　8.00　8.04　8.08　8.12　8.16　8.20

世界の海洋二酸化炭素取り込みマップ（出典:気象庁データより）

海洋のpHが長期間にわたり低下する傾向は「海洋酸性化」とよばれ、主に海洋が大気中の二酸化炭素 (CO_2) を吸収することによって起きます。進行すると、海洋が大気からCO_2を吸収する機能が低下し、地球温暖化が加速され、サンゴやプランクトンなどさまざまな海洋生物への影響が心配されます。

▶「パリ協定」で掲げられた世界共通の長期目標

世界の平均気温上昇を産業革命以前に比べて2℃より十分に低く保ち、1.5℃に抑える努力をする。

そのため、できるかぎり早く世界の温室効果ガス排出量をピークアウトし、21世紀後半には、温室効果ガス排出量と（森林などによる）吸収量のバランスを取る。

▶ 温室効果ガス削減のための各国の取り組み状況は？

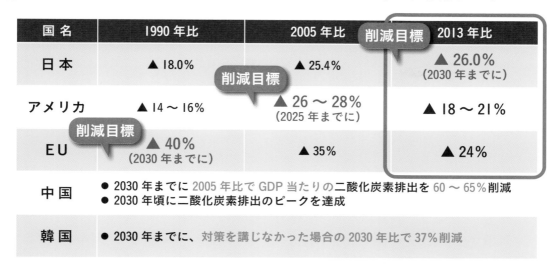

国名	1990 年比	2005 年比	2013 年比
日本	▲ 18.0%	▲ 25.4%	▲ 26.0%（2030 年までに）
アメリカ	▲ 14〜16%	▲ 26〜28%（2025 年までに）	▲ 18〜21%
EU	▲ 40%（2030 年までに）	▲ 35%	▲ 24%
中国	● 2030 年までに 2005 年比で GDP 当たりの二酸化炭素排出を 60〜65%削減 ● 2030 年頃に二酸化炭素排出のピークを達成		
韓国	● 2030 年までに、対策を講じなかった場合の 2030 年比で 37%削減		

（出典：資源エネルギー庁）

「パリ協定」に基づき各国は温室効果ガスの削減目標を定め、日本は2030年までに2013年比で26.0%削減を掲げました。しかし現在では、2050年までの「カーボンニュートラル」実現に向けて、2030年までの中期的な削減目標を見直し、引き上げる動きが進んでいます。

▶ マイクロプラスチックによる海洋汚染

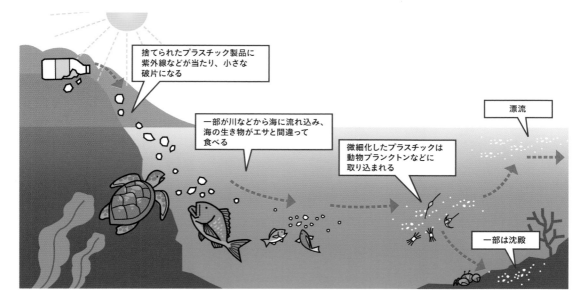

海に流れ出たプラスチックは、紫外線や海流によって小さく砕けます。5mm以下のものは「マイクロプラスチック」と呼ばれ、回収が困難なうえ、これらが小さな魚やプランクトンに摂取され、その体内に有害物質が蓄積される可能性があります。

語句解説

紫外線
=ultra violet ray（UV）

有害物質・有害化学物質
=toxic substance,
　toxic chemical

Goal 14

A Look at the picture. What do you think of the world under the sea?

B This is beautiful! It's exactly like an amusement park. I don't care for sharks, though.

A What a **happy-go-lucky** person you are! This is not a photo of a dream world. Rather, we should take it as a **warning sign** from **Mother Earth**.

B Why? I don't get it.

A The coral reef in the center has gone white. **Bleaching** means it's dying from a higher **water temperature caused by** global warming.

happy-go-lucky
のんきな、楽天的な

warning sign
警告サイン

Mother Earth
母なる地球

bleaching
白化

water temperature
水温

caused by
〜が原因で、〜によって

日 本 語 訳

A この写真を見て、海中の世界についてどう思う?

B とてもきれい。遊園地みたいな感じだね。サメはあんまり好きじゃないけど。

A のんきな人ねぇ。この写真は、夢の世界を写しているのではなくて、むしろ、母なる地球からの警告の1枚なのよ。

B え、どうして? 意味がわからない。

A 中央のサンゴ礁が白くなっているでしょう。この「白化現象」は地球温暖化で海水温が上昇し、サンゴが死につつあることを意味しているのよ。

biodiversity	生物多様性
fishery	漁業
animal plankton	動物性プランクトン
food chain	食物連鎖
krill	オキアミ
protein	タンパク質
ban on whaling	捕鯨禁止
aquaculture, farming, cultivating	養殖

// Discussion // Goal 14 について話し合おう

◆ What kind of benefit do the Japanese people receive from the sea?

日本人は海からどんな恩恵を受けていますか?

◆ Does climate change also have effect on the coral reefs in Japan?

温暖化は日本のサンゴ礁にも影響を与えていますか?

◆ What is your opinion about whaling? To continue or to ban? Why?

あなたは捕鯨についてどんな意見を持っていますか?　継続すべきですか?
禁止すべきでしょうか?　そしてそれはなぜですか?

映像で理解を広げよう

© AFP

2016年、世界最大のサンゴ礁であるオーストラリアのグレート・バリア・リーフは史上最悪の白化が起き、93%のサンゴが影響を受けました。地球温暖化は美しい海を大きく破壊しています。

Asuka Academy
[SDGs1-05] グレート・バリア・リーフ

動画の見方➡11ページ

Goal 14

Goal 15

Life on Land

持続可能な開発目標【15】
陸の豊かさも守ろう

陸域生態系の保護、回復、持続可能な利用の推進、持続可能な森林の経営、砂漠化への対処、ならびに土地の劣化の阻止・回復と生物多様性の損失を阻止する

Reading,Dialogue
の英文を聞こう!

‖ Reading ‖ 英語で理解しよう

Wood products are used in many different parts of our life. From house building materials and furniture, to chopsticks and paper. Thus, we cannot live without using wood; however, cutting down so many trees causes a lot of problems. We are now facing "deforestation," which means the loss of trees and other vegetation after removing trees intentionally or accidentally.

This can cause local climate change, desertification, soil erosion, fewer crops, and flooding. Deforestation is happening almost everywhere on the planet, but the Amazon rainforest is the center of attention because of its size and impact on the global environment.

語 句 解 説

wood product
木材製品

house building material
住宅建材

furniture
家具

deforestation
森林破壊

vegetation
植生

intentionally
意図的に

local climate change
地域の気候変動

desertification
砂漠化

soil erosion
土壌浸食

flooding
洪水、氾濫

Amazon rainforest
アマゾンの熱帯雨林

ブラジルの熱帯雨林地域。森林火災により多くの植物や生き物が犠牲になっています。

© CARL DE SOUZA / AFP

日 本 語 訳

　　木材を使った製品は、私たちの生活のいたるところで使われています。住宅建材や家具、箸や紙など、木を使わずに生活することなどできません。しかし、樹木の伐採は、多くの問題を引き起こします。私たちは「森林破壊」に直面しているのです。それは、樹木を意図的に伐採したり、あるいは偶発的に損なわれることによって、木や他の植物が失われることを意味します。

　　森林破壊は、局地的な気候変動や砂漠化、表土の流出、作物の減収、そして洪水などさまざまな問題を起こします。森林破壊は地球上、ほとんどどこでも起こっていますが、アマゾンの熱帯雨林が特に大きな注目を集めています。なぜなら、破壊の程度が大きく、地球環境に与える影響が甚大だからです。

Goal 15

1 What are the things made from wood?

木材からどんなものをつくることができますか?

2 What is the problem caused by cutting down trees?

木を伐採することの何が問題なのでしょうか?

3 In terms of deforestation, which part of the world is gathering attention?

森林破壊について、世界のどの地域に注目が集まっているでしょうか?

|| Thinking // 図表やマップを見ながら考えよう

▶ 世界各地で異常気象・気象災害が発生している

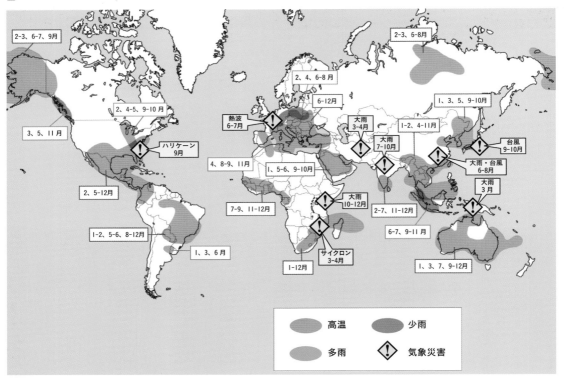

世界の2019年の異常気象（出典：気象庁データより）

世界各地で、異常高温、大雨、台風、多雨、少雨などの異常気象が発生しています。2019年の年平均気温は、北米中部をのぞいて、広い範囲で平年より高くなりました。

語句解説

異常気象
=abnormal weather

絶滅のおそれのある野生生物は？

アカウミガメ◉赤道付近と極地をのぞく海域に広く生息していましたが、乱獲により減少しています。

コウノトリ◉河川・湿地・水田などに住む大型の鳥。日本産の野生はすでに姿を消しています。

アマミノクロウサギ◉奄美大島と徳之島だけに分布する原始的なウサギ。1921年、動物としては初めて国の天然記念物に指定されました。

マリモ◉日本では特別天然記念物に指定された阿寒湖のマリモが知られていますが、環境汚染により減少しています。

（写真全て PIXTA）

環境省が作成する「レッドリスト2020」では、絶滅危惧種の合計種数が、「レッドリスト2019」と比較して40種増加し、3,716種となりました。海洋生物のレッドリスト（2017年3月公表）では、絶滅危惧種は56種となっています。

> **語句解説**
> 絶滅した=extinct
> 絶滅=extinction

【絶滅危惧種の例】
イリオモテヤマネコ、ラッコ、ニホンアシカ、コウノトリ、トキ、ヤンバルクイナ、シマフクロウ、テッポウウオ、ベニザケ（ヒメマス）など

写真から読み取ろう

© NELSON ALMEIDA / AFP

アマゾンの熱帯雨林を走る、ブラジルのパラ州イタイトゥバのモラエス・アルメイダ地区のBR163高速道路に沿って、列を作っているトラックの航空写真。BR230とBR163は、ブラジルの主要な輸送ルートで、世界最大の熱帯雨林の開発と破壊が行われ、現在は火事で荒廃しています。

Aerial view of trucks queueing along the BR163 highway, in Moraes Almeida district, Itaituba, Para state, Brazil, in the Amazon rainforest. The BR230 and BR163 are major transport routes in Brazil that have played a key role in the development and destruction of the world's largest rainforest, now being ravaged by fires.

Goal 15

Dialogue | 会話で理解を深めよう

語 句 解 説

A Do you know that the Amazon rainforest is **shrinking**? It's obvious looking from the **satellite**.

B Yes, I have seen it on a TV show, but it's far away from Japan.

A True, but less green in South America may have a **tremendous** impact on the Asian climate because the global **ecosystem** is connected.

B Wow, it's a small world. I need to pay more attention to global affairs.

A It takes many years for trees to grow, and so we must do something urgently to **reverse** deforestation.

shrink
縮む、減る

satellite
人工衛星

tremendous
ものすごい、巨大な

ecosystem
生態系

reverse
逆転させる

日 本 語 訳

A アマゾンの熱帯雨林がどんどん小さくなってるって、知ってる? 人工衛星から見ると明らかなのよ。

B うん、テレビ番組で見たことある。でも、日本から遠い場所の話でしょ。

A そうなんだけど、南アメリカで緑が減ることが、アジアの気候にとてつもない影響があるのよ。地球の生態系は全部つながっているんだから。

B そうかぁ、本当に世界は狭いね。地球の問題について、もっと関心を持たなくちゃ。

A 樹木が成長するには何年もかかるわ。だから、森林破壊の流れを逆転するためには今すぐ、何か手を打たなくてはならないの。

∥ Key Words ∥ テーマの重要語句を覚えよう

slash and burn	焼畑農業
shifting cultivation	転作、輪作
chemical fertilizer	化学肥料
pesticide	農薬、殺虫剤
Silent Spring	沈黙の春（1962年にレイチェル・カーソンによって書かれた本）
endangered species	絶滅危惧種
Washington Convention	ワシントン条約（絶滅のおそれのある野生動植物の種の国際取引に関する条約）
WWF (World Wide Fund for Nature)	世界自然保護基金

∥ Discussion ∥ Goal 15 について話し合おう

◆ Look, how much wood is used around you and how? Where have these wood materials come from?

あなたの周りにはどんな木材があり、どのように使われていますか？
またその木材はどこから来ているのでしょうか？

◆ What are the effects of deforestation on the environment?

森林破壊は環境にどんな影響を及ぼすでしょうか？

映像で理解を広げよう

© AFP

哺乳類は4頭に1頭、鳥類は8羽に1羽、両生類は4割、そして針葉樹では3本に1本の割合が絶滅の危機にあります。

Asuka Academy
［環境破壊 –10］絶滅危惧種

(動画の見方➡11ページ)

Goal 15

Goal 16
Peace, Justice and Strong Institutions

持続可能な開発目標【16】
平和と公正をすべての人に

持続可能な開発のための平和で包摂的な社会を促進し、
すべての人々に司法へのアクセスを提供し、あらゆるレベルにおいて
効果的で説明責任のある包摂的な制度を構築する

Reading,Dialogue
の英文を聞こう！

// Reading // 英語で理解しよう

語 句 解 説

Soldiers are not always heartless **killers**. In many cases, they are ordinary people who are forced to fight. They may be **aspiring** students, kind parents or **pious worshippers**. In a war situation, however, those people point guns at people they have never met or had any personal **resentment** against.

Human history has been filled with countless **military confrontations**. In 1795, a German philosopher, Immanuel Kant, proposed the notion of "**permanent peace**", but this did not stop the **first world war** from taking place. President Woodrow Wilson of the United States proposed the **League of Nations** in 1920, but it failed to prevent the **second world war**. In 1945, the **United Nations** was born, but there are still **regional conflicts**. An Indian preacher, Prem Rawat, said, "Peace is not a luxury. It's not an option."

killer
殺人者

aspire
高い目標を目指す、志す

pious
敬けんな、信心深い

worshipper
愛好者、崇拝者

resentment
憤り、立腹

military confrontation
軍事衝突

permanent peace
恒久平和

first world war
第1次世界大戦
＝WWI（ワールドウォー ワン）

League of Nations
国際連盟

second world war
第2次世界大戦（WWII）

United Nations
国際連合（国連）

regional conflict
地域紛争

パトロール中の兵士と握手を交わす子ども。アフガニスタンで繰り広げられた
米軍主導の戦争では、何千人ものアフガニスタン人が犠牲になりました。

日 本 語 訳

　　兵士は心を持たない殺人者ではありません。多くの場合、兵
士はごく普通の人々なのですが、戦うことを強制されます。彼ら
は、将来を嘱望された学生かもしれません。心優しい人の親か
も、そして、敬けんな宗教信者かもしれません。しかし、戦争状
態になると、彼らは、一度も会ったことのない、個人的に恨みの
ない人に銃口を向けるのです。

　　人類の歴史は数え切れないほどの軍事衝突の連続でした。
1795年、ドイツの哲学者イマニュエル・カントは「恒久平和」理念
を提唱しましたが、第1次世界大戦が起こりました。ウッドロー・
ウィルソン米国大統領は国際連盟の設立を発意しましたが、第
2次世界大戦を防ぐことはできませんでした。1945年に国際連
合が誕生しましたが、地域紛争はなくなっていません。インドの
講演家であるプレム・ラワットは「平和は決して贅沢品ではない。
必要不可欠なものだ」と語っています。

Goal 16

// Question // 内容をつかもう

1 Are the soldiers really heartless killers?

兵士たちは本当に無情な殺し屋なのでしょうか?

2 Who proposed the notion of "permanent peace"?

「恒久平和」の概念を提唱したのは誰でしょうか?

3 When and why was the United Nations established?

国際連合は、いつ、なぜ設立されたのでしょうか?

// Thinking // 図表やマップを見ながら考えよう

▶ 世界の紛争地域に展開する国連PKO

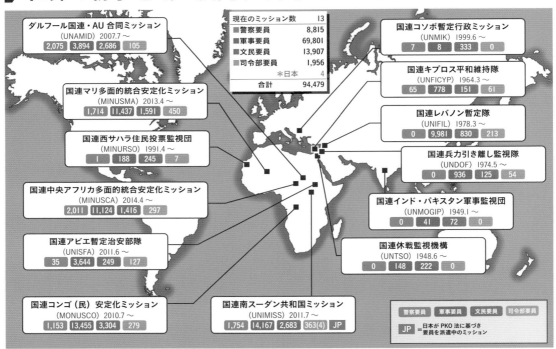

現在のミッション数	13
■警察要員	8,815
■軍事要員	69,801
■文民要員	13,907
■司令部要員	1,956
	＊日本 4
合計	94,479

ダルフール国連・AU合同ミッション
(UNAMID) 2007.7〜
2,075 3,894 2,686 105

国連マリ多面的統合安定化ミッション
(MINUSMA) 2013.4〜
1,714 11,437 1,591 450

国連西サハラ住民投票監視団
(MINURSO) 1991.4〜
1 188 245 7

国連中央アフリカ多面的統合安定化ミッション
(MINUSCA) 2014.4〜
2,011 11,124 1,416 297

国連アビエ暫定治安部隊
(UNISFA) 2011.6〜
35 3,644 249 127

国連コンゴ（民）安定化ミッション
(MONUSCO) 2010.7〜
1,153 13,455 3,304 279

国連南スーダン共和国ミッション
(UNMISS) 2011.7〜
1,754 14,167 2,683 363(4) JP

国連コソボ暫定行政ミッション
(UNMIK) 1999.6〜
7 8 333 0

国連キプロス平和維持隊
(UNFICYP) 1964.3〜
65 778 151 61

国連レバノン暫定隊
(UNIFIL) 1978.3〜
0 9,981 830 213

国連兵力引き離し監視隊
(UNDOF) 1974.5〜
0 936 125 54

国連インド・パキスタン軍事監視団
(UNMOGIP) 1949.1〜
0 41 72 0

国連休戦監視機構
(UNTSO) 1948.6〜
0 148 222 0

警察要員 軍事要員 文民要員 司令部要員

 JP＝日本がPKO法に基づき
要員を派遣中のミッション

※軍事・警察・司令部要員に関しては2020年8月31日、文民要員に関しては2020年3月31日の情報

国連PKOの展開状況（出典：外務省資料より）

国連平和維持活動（PKO）は、国連が紛争地域の平和を維持する手段として行われてきた活動です。紛争当事者の間に立って、停戦や軍の撤退の監視、対話を通じた紛争解決の支援を目的としていましたが、現在は国家間の紛争より、国家内紛争や、国内・国際紛争の混合型への対応が増え、任務も多様化しています。

語句解説

国連平和維持活動（PKO）
＝peacekeeping
operations

▶ 故郷を追われた人の数は世界で7,950万人

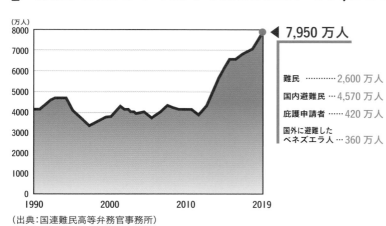

（万人）

7,950 万人

難民 ……… 2,600 万人
国内避難民 … 4,570 万人
庇護申請者 …… 420 万人
国外に避難した
ベネズエラ人 … 360 万人

（出典：国連難民高等弁務官事務所）

紛争や迫害によって移動を強いられた人は2019年末時点で7,950万人、そのうち18歳未満の子どもの割合は4割を占めています。難民の出身国で最も多いのはシリアで660万人、最大の受け入れ国はトルコで360万人となっています。

▶ 世界の武器取引、輸出上位5カ国は？

順位	輸出国	輸出先（カッコ内の数字は総輸出量に占める割合）
1位	アメリカ	サウジアラビア（22%）、オーストラリア（7.7%）、アラブ首長国連邦（6.7%）
2位	ロシア	インド（27%）、中国（14%）、アルジェリア（14%）
3位	フランス	エジプト（28%）、インド（9.8%）、サウジアラビア（7.4%）
4位	ドイツ	韓国（19%）、ギリシャ（10%）、イスラエル（8.3%）
5位	中国	パキスタン（37%）、バングラデシュ（16%）、アルジェリア（11%）

国別輸出先〔2014～2018年〕（出典：アムネスティ国際ニュース2019年8月23日より）

通常兵器（核兵器、生物兵器、化学兵器などを除く兵器）の不正な取引を防止するため、輸出入を規制する「武器貿易条約（ATT）」が2014年に発効しましたが、世界の武器貿易はいまだに拡大しています。

語句解説

武器商人=arms dealer
手りゅう弾=hand grenade

写真から読み取ろう

© Zein Al RIFAI / AFP

イドリブ州とハマ北部の田園地帯で戦いを逃れたシリアの子どもたちが、イドリブの北にあるカフルヤムルの町の近くのアルシッカのキャンプで、地元の避難民協会が主催するゲームに参加しています。
Syrian children who fled battles in the Idlib province and the northern countryside of Hama, participate in games organized by a local association for displaced children at the camp of Al-Sikkah near the town of Kafr Yahmul north of Idlib.

Goal 16

// Dialogue // 会話で理解を深めよう

語句解説

A Do you think there will be a third world war?

B How **awful**! I don't want to even think about the **possibility**.

A So you think it won't happen and peace will last forever.

B I honestly, sincerely hope so, but after hearing your words, I now have **doubts**. If not a world-wide war, we may see local wars happening.

A They are happening right now in many areas, and millions of people have to **leave** their **homelands** and become **refugees**.

awful
恐ろしい、ひどい

possibility
可能性、ありうること

doubt
疑い、疑念

leave
去る

homeland
自国、母国

refugee
避難者、難民

日本語訳

A 第3次世界大戦は起こると思う?

B そんな恐ろしいこと。そんなことがあり得るなんて考えたくもないな。

A じゃあ、戦争は起こらない、平和がずっと続くと考えているの?

B そうあってほしいと、正直、心から思うけど、平和がずっと続くかと聞かれたら、自信がないな。世界大戦は起こらなくても、地域紛争は起こるかもしれないし。

A いま、この瞬間も世界のあちこちで起こっているわ。そして、何百万人もの人々が故郷を離れて、難民になっているのが現実なのよ。

war criminal	戦争犯罪人
peace treaty	平和条約
justice, fairness	公正
trial court	裁判所
basic human rights	基本的人権
Universal Declaration of Human Rights	世界人権宣言
ceasefire	停戦
UN Security council	国連安全保障理事会
mediator	調停者

// Discussion // Goal 16 について話し合おう

◆ What are the triggers that starts a war?
Look back in history and find out some causes.

どのようなことが戦争のきっかけになるのでしょうか?
歴史の中からその原因になったことを調べてみましょう。

◆ What are the negative effects of a war on people's life and society as a whole?

戦争は人々の暮らしに、あるいは社会全体にどんな悪影響をもたらすでしょうか?

◆ What are the roles of the mediators who try to end the war?

戦争を終結させるために、調停者にはどのような役割がありますか?

映像で理解を広げよう

who have trouble going out in public without hair.

© AFP

ボスニアの子どもたちは、がんと闘う若年の人たちに髪の毛の寄付を行っています。カツラを1つ作るのに、少なくとも2週間の時間と6人の髪が必要です。

Asuka Academy
[SDGs2-05] ヘアーの贈り物

動画の見方 ➡ 11ページ

Goal 16

Goal 17 ▶
Partnerships for the Goals

持続可能な開発目標【17】
パートナーシップで目標を達成しよう

持続可能な開発のための実施手段を強化し、グローバル・パートナーシップを活性化する

Reading,Dialogue
の英文を聞こう!

// Reading / 英語で理解しよう

The **notion** of partnership is one of the Sustainable Development Goals and a necessary process to achieve them. Without international cooperation among countries' governments, global problems such as those associated with the environment and energy, population and food, and information and justice cannot be **tackled**. The United Nations was established in 1945 after the second world war as an **inter-governmental body** to maintain peace and **promote** development.

Serious issues, however, cannot be solved by governmental **functions** alone. Other important **actors** include for-profit companies, **non-governmental organizations (NGOs)**, local governments, schools, universities, religious groups, **professional** organizations and **labor unions**, just to **name** a few. Harmonious and well-coordinated efforts among those actors are the key to a better future for the world.

語 句 解 説

notion
概念、考え

tackle
取り組む、議論を戦わせる

inter-governmental body
政府間機関

promote
促進する

function
機能、取り組み

actor
主体、当事者

non-governmental organization（NGO）
非政府組織

professional
職業の、専門的な

labor union
労働組合

name
名前を挙げる、リストアップする

ルワンダ大量虐殺第25回記念式典で追悼のろうそくを灯す人。

© Yasuyoshi CHIBA / AFP

日 本 語 訳

　「パートナーシップ」という概念は、SDGsに含まれるひとつの目標であると同時に、それらの目標を達成するために必要なプロセスでもあります。政府間の国際協力なくして、地球規模の環境・エネルギー問題、人口や食料の問題、情報や公正の問題に対応することはできません。第2次世界大戦後の1945年、国際連合は平和を維持し、開発を促進するための政府間機関として設立されました。

　しかし、政府レベルの働きかけだけでは、これらの深刻な問題を解決することはできません。他の重要な主体としては、営利企業や非政府組織（NGO）、地方政府や学校、大学、宗教団体、業界団体、労働組合など、ちょっと挙げただけでも、数多くのものがあります。これらの主体が、バラバラに活動するのではなく、調和的でよく調整された活動を展開することが、よりよい世界をつくり上げていく鍵なのです。

// Question // 内容をつかもう

1 Why is the notion of partnership important?

なぜパートナーシップの考え方が必要なのでしょうか?

2 What are the things that can be tackled through international cooperation?

国際協力を通じてどんなことに取り組むことができますか?

3 Who are the other important actors that helps bring better future to the world?

よりよい未来の世界をつくる役割を担うのは誰でしょうか?

// Thinking // 図表やマップを見ながら考えよう

▶ 政府開発援助 (ODA) の一人当たりの負担額は?

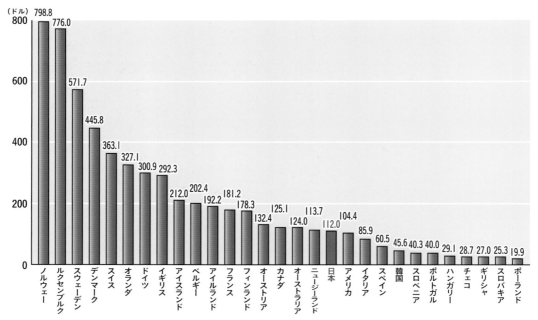

DAC諸国における政府開発援助実績の国民一人当たりの負担額〔2018年〕(出典:外務省『2019年版　開発協力白書』より)

2018年の日本の政府開発援助 (ODA) の総額は、経済協力開発機構 (OECD) の開発援助委員会 (DAC) 諸国中、アメリカ、ドイツ、イギリスに次ぎ第4位でした。日本の国民一人当たりの負担額は、112ドルとなっています。

語句解説

政府開発援助＝ODA
(Official Development Assistance)

▶ 貧困や格差を解決するフェアトレードの仕組み

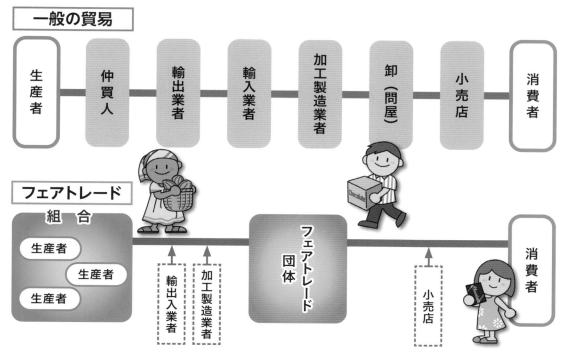

一般の貿易

生産者 ─ 仲買人 ─ 輸出業者 ─ 輸入業者 ─ 加工製造業者 ─ 卸（問屋） ─ 小売店 ─ 消費者

フェアトレード

組合（生産者・生産者・生産者） ─ 輸出入業者 ─ 加工製造業者 ─ フェアトレード団体 ─ 小売店 ─ 消費者

（参考：『フェアトレード学』渡辺龍也著、新評論、2010年）

フェアトレードとは、適正な価格で取引を行う貿易の仕組みです。通常の貿易は、生産者から消費者に商品が届くまでに、多くの人や組織が間に入るため、生産者はわずかな報酬しか得られません。フェアトレードの場合は、生産者と消費者の間に入る業者の数が減り、フェアトレード団体が入ることで、商品が買いたたかれることなく、適正な価格で取引されます。これによって、途上国の生産者の暮らしや文化、環境を守ることができます。

語句解説

フェアトレード（公正な貿易）
＝fair trade
生産者＝producer
消費者＝consumer
卸売業者＝wholesaler

写真から読み取ろう

© Haidar HAMDANI / AFP

聖地ナジャフのイラク人は、2019年12月28日にわら紙の熱気球を発射し、全国で進行中の反政府抗議との連帯を示しました。

Iraqis in the holy shrine city of Najaf launch rice paper hot air balloons on December 28, 2019, to show their solidarity with the ongoing anti-government protests across the country.

語句解説

A We have discussed a variety of issues and I feel rather **pessimistic** about the future of the world.

B True, I cannot be 100% **optimistic**. There are so many **grave** problems and there is no **guarantee** we can solve them in time. Yet, we can be **constructive**.

A What do you mean by "constructive?"

B What you can achieve by yourself is quite limited. I have to admit that, but if we work with other people of different strengths and networks, what we can accomplish will be limitless.

A So you mean **collaboration** is the key to a better world.

pessimistic
悲観的な

optimistic
楽観的な

grave
重大な、重要な

guarantee
保証、約束

constructive
建設的な

collaboration
協力、協働

日本語訳

A これまでさまざまな問題について話し合ってきたけど、世界の未来について悲観的に感じられるの。

B そうだね。ぼくも100%楽観的ではいられないよ。深刻な問題はたくさんあるし、人類が時間内に解決できるという保証はない。でも、ぼくたちは建設的に考えることはできるよ。

A 建設的に考えるって、どういう意味?

B 自分一人で成し遂げられることは限られている。それは間違いない。でも、ぼくたちがそれぞれ異なる強みやネットワークを持った人たちと力を合わせれば、できることに限界はなくなると思うんだ。

A 協働こそが、よりよい世界を築くためのキーワードということね。

Key Words

stakeholders, parties concerned	利害関係者
conflict of interest	利害相反
mutual benefit, win-win	相互利益
accountability	責任（説明能力）
responsibility	責任（対応能力）

Discussion

◆ Can you think of areas where the notion of partnership can play a major role?

パートナーシップという概念が重要な役割を果たすことができる分野には、どのようなものがあるでしょうか?

◆ To establish a partnership with someone, what do you think are the important elements?

誰かとパートナーシップを構築するために、重要な要素は何でしょうか?

◆ What prevents someone from going into partnership with others?

他の人とパートナーシップを組むことを妨げるものは何でしょうか?

映像で理解を広げよう

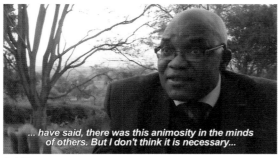

... have said, there was this animosity in the minds of others. But I don't think it is necessary...

© AFP

ジンバブエでは、かつてはお互いに敵対心を持っていた黒人、白人の農民が協働して、国の荒廃した農業部門を立て直そうとしています。

Asuka Academy
[SDGs2-02] ジンバブエのパートナーシップ

（動画の見方➡11ページ）

Goal 17

ゴール18を作ってみよう!

Goal 18

Find Your Goal

あなたが考えるもうひとつのゴール

SDGsの17の目標を理解したら、それらを振り返り、さらに理解を深める。
同時に、あなた自身にとっての最重要目標を見つけ出し、
持続可能な開発に向けて実践していく

Reading,Dialogue
の英文を聞こう!

// Reading // 英語で理解しよう

語 句 解 説

    You have **successfully** learned 17
Sustainable Development Goals now, and
which topic do you want to pursue in your
life? If you can pick up one of the 169 targets,
that's fantastic and it's **worth challenging**.
Meanwhile, your highest priority may not
be included among the UN designated list,
which is not necessarily **exhaustive**. For
example, art, sport, or entertainment might
attract your interest more than any other
field, and that's wonderful, too. **Academic
pursuit** in science and mathematics,
philosophy and ethics may become the
stage of your life-work.

    You can create **from scratch** a totally new
area of activities. Following the **footprints**
of the **preceding** generations, you have an
opportunity and the capability to further
enhance our civilizations.

    The most important goal in your own life
is what you can decide, and only you can,
not anyone else in the world.

successfully
首尾よく、うまく

worth challenging
挑戦する価値がある

exhaustive
網羅的な、すべてをカバーする

academic pursuit
学問的な探究

philosophy and ethics
哲学と倫理

from scratch
最初から

footprint
足跡

preceding
先行する、過去の

enhance
広げる、発展させる

アフリカのコンゴ民主共和国で、自給食料や収入源を確保するための活動を行う
NPO法人テラ・ルネッサンスの創設者、鬼丸昌也さん。

日 本 語 訳

　　ここまで、17のSDGsの目標を学んできました。さて、あなた
が人生の中で探究したい目標はどれでしょうか？　169のターゲッ
トの中から1つを選べたら、それは素晴らしいこと。人生をかけ
て挑戦するに値します。他方、あなたの優先順位のトップが必
ずしも網羅的とは言えない国連のリストには含まれていないかも
しれません。たとえば、芸術やスポーツ、エンターテイメントが、
他のどの分野よりもあなたの心を引きつけることだってあります。
科学や数学、哲学や倫理の学術的探究が、あなたのライフワー
クの舞台になるかもしれません。

　　今まで存在しなかった活動領域を一から創造することもできま
す。先人たちの足跡をたどっていくことで、あなたには人類の文
明をさらに広げるチャンスがあり、能力が与えられているのです。

　　あなたの人生の中の最重要目標はあなたが決めるものです。
そう、世界の他の誰かではなく、あなた自身でしか決められない
のです。

A Recently, I learned in school about the 17 goals of SDGs.

B Really? How do you feel after learning them?

A Well, the world was full of things that we have to **overcome** and I feel so **helpless**.

overcome
打ち勝つ

helpless
無力な、ふがいない

B You shouldn't feel that way. The important thing is that knowing the problems is already a step forward.

A True. And I should also look at the picture more from a different **perspective** too.

perspective
考え方、見方、観点

B I'm sure that there is always something you can do to help from where you are, and find problems that are not included in the goals but still worth tackling!

A The 18th goal!

日 本 語 訳

A 最近、学校でSDGsの17のゴールについて勉強したの。

B そうだったんだ。そして、勉強してどう思ったの?

A う〜ん、世界には乗り越えるべき課題がたくさんあって、なんだか自分が非力に思えたわ。

B そんなふうに考えちゃだめだよ。だって問題を知ることができたことも、すでに大きな一歩なんだから。

A そうね。そして全体をまた他の観点からも見るべきよね。

B 今、自分がいる場所からできる支援は必ずあるはずだし、ゴールには含まれていないけど挑戦に値する問題もあるはずだよ。

A 18番目のゴールね!

自分たちのSDGsをみつける取り組み例

地雷・小型武器・子ども兵・平和教育に取り組む
認定NPO法人テラ・ルネッサンス

　大学生のときに、スリランカへのスタディツアーに参加した鬼丸昌也さんは、農村開発運動の指導者アリヤラトネ博士と出会ったことがきっかけで、「ぼくたちは微力かもしれないけれど、決して無力ではない」と痛感。アフリカのコンゴやウガンダなどで「子ども兵」の社会復帰や職業訓練などの事業に取り組んでいます。
URL：https://www.terra-r.jp/

アフリカのブルンジで蜂蜜生産を指導する小川真吾理事長
© 認定NPO法人 テラ・ルネッサンス

社会問題をアート・デザインで解決
一般社団法人Social Compass（ソーシャルコンパス）

　京都造形芸術大学（現京都芸術大学）出身の中村英誉さんは、東日本大震災の後、デザインやCG制作の仕事はどこでもできることに気付き、カンボジアで会社を立ち上げました。アンコールワットのゆるキャラ「ワッティー」は、毎朝、国営放送のテレビ体操に登場。国際協力機構（JICA）と協力して、ゴミのポイ捨て

ワッティーのコロナ対策動画
© 一般社団法人 Social Compass

をなくすキャンペーンを展開するなど、デザインの力で社会課題解決を図っています。
URL：https://socialcompass.jp/

高校生が国際協力写真展を開催

　北海道の札幌新陽高校と立命館慶祥高校の生徒たち有志は、アフガニスタンで医療協力や水の確保に尽力した中村哲先生の活動を知ってもらい、アフガニスタンをはじめとする多くの地域での活動に目を向けてもらおうと、協力して札幌駅の地下街で写真展を開催しました。

// Discussion // Goal 18 について話し合おう

 What is your 18th goal? Let's talk about it with your friends.

　あなたの18番目のゴールは何ですか？　みんなで話し合ってみましょう。

参考情報 さらにSDGsを学ぶために

ここに挙げたものの他にも、SDGsを学ぶ教材はたくさんあります。
調べたり、友達と話し合いながら、あなたに合うものを探してみましょう。

▌ やさしい英語ゲームで学ぶSDGs

『SDGs教育ゲーム』 （長岡技術科学大学）　　　　難易度 ★★☆

https://www.nagaokaut.ac.jp/annai/daigakusyokai/
sdgs/sdgsgame.html
SDGsクエスチョンカード、SDGsサイコロ、SDGs塗り絵、
SDGsすごろくなどを開発・提供しています。日本語版の他、英
語版もダウンロード可能です。

『Go Goals！』　　　　難易度 ★★☆

https://go-goals.org/ja/
ブリュッセルの国連地域広報センター（UNRIC）がElyxの創作者ヤシン・アイトゥ・カシ（YAK）の協力を得て作成
したすごろくゲーム。日本語版があります。

『United Nations Video Games』　　　　難易度 ★★☆

https://unric.org/en/category/united-nations-and-video-games/united-nations-video-games/
国連が開発したPC、モバイル向けゲーム。「World Rescue」「Stop Disasters!」など、映像を見ながら学ぶこ
とができます。

『FULL ACTIVITY PACK FOR PARENTS』　　　　難易度 ★☆☆

https://worldslargestlesson.globalgoals.org/resource/explorers-for-the-global-goals-activity-
pack-for-parents/
保護者や幼児の教育者向けの教材教育セット。他に学生向けのセットもあります。

▌ やさしい英語と映像で学ぶSDGs

「国際連合広報センター ― 持続可能な開発」　　　　難易度 ★★★

https://www.unic.or.jp/texts_audiovisual/audio_visual/learn_videos/sustainable_development/
国連広報局などが制作したSDGsに関する動画サイト。難しい英単語も出てきますが、日本語字幕がついています。

「UN SDGs ― Teens Dream Co Lab（活動プラットフォーム）」　　　　難易度 ★★☆

https://teensdreamcolab.org/un-sdgs/
13〜18歳の青少年がSDGsに関する2分以内の動画を制作して競う国際コンペ。

▌仲間とともに学ぶSDGs

「Youth for SDGs　United Nations」 （難易度 ★★★）
https://sustainabledevelopment.un.org/index.php?menu=2857
世界中の若者がSDGsの取り組みを世界と共有するためのオンラインフォーラム。

「Student Resources UN」 （難易度 ★★★）
https://www.un.org/sustainabledevelopment/student-resources/
SDGsに関する本やゲームなど、さまざまな学生向けリソースを紹介しています。

▌洋画のやさしい英語で学ぶSDGs

『WALL-E（邦題：ウォーリー）』 （難易度 ★☆☆）
ピクサー・アニメーション・スタジオとウォルト・ディズニー・ピクチャーズが製作した長編アニメーション。ごみだらけになった地球にひとり置き去りにされたごみ処理ロボット・ウォーリーの恋と冒険。（2008年製作）

『Dr. Seuss' The Lorax（邦題：ロラックスおじさんの秘密の種）』 （難易度 ★★☆）

児童文学作家ドクター・スースの『The Lorax』を原作とした3Dアニメーション。環境破壊が進んだ世界を舞台に、最後の一粒となる木の種をめぐって、少年テッドと森を守る不思議な住人ロラックスが繰り広げる冒険を描く。（2012年製作）

『ロラックスおじさんの秘密の種』
Blu-ray：1,886 円＋税／DVD：1,429 円＋税
発売元：NBCユニバーサル・エンターテイメント
※2021年3月の情報です

『An Inconvenient Truth（邦題：不都合な真実）』 （難易度 ★★★）
アメリカの民主党クリントン政権下で副大統領を務めたアル・ゴアによる、地球温暖化問題についてのスライド講演を追ったドキュメンタリー。第79回アカデミー賞で長編ドキュメンタリー賞受賞。（2006年製作）

『One Life（邦題：ライフ ― いのちをつなぐ物語 ―）』 （難易度 ★★☆）
地球の全大陸、陸・海・空に住む多種多様な生物を超ハイスピードカメラを駆使して撮影した、イギリスのBBC製作によるネイチャードキュメンタリー。オリジナルのナレーションは英語で、日本語吹き替え版は松本幸四郎、松たか子親子が担当。（2011年製作）

▌日本語の本でさらにSDGsへの理解を深める

『世界中の子どもの権利をまもる30の方法　～だれひとり置き去りにしない!』
国際子ども権利センター＋甲斐田万智子［編］、合同出版、2019年

『わたしは13歳、学校に行けずに花嫁になる。 ～未来をうばわれる2億人の女の子たち』
プラン・ジャパン［著］、合同出版、2014年

『世界の半分が飢えるのはなぜ？ ～ジグレール教授がわが子に語る飢餓の真実』
ジャン・ジグレール［著］、たかお まゆみ［訳］、勝俣 誠［監訳］、合同出版、2003年

『世界の難民をたすける30の方法』
滝澤三郎［編著］、合同出版、2018年

■ 著者紹介

本間正人（ほんま・まさと）

京都芸術大学教授・副学長、NPO学習学協会代表理事。
「教育学」を超える「学習学」の提唱者であり、「楽しくて、即、役に立つ」参加型研修の講師としてアクティブ・ラーニングを25年以上実践。「研修講師塾」を主宰し、「国語4技能学習」「学習する地球社会（Learning Planet）」のビジョン策定を推進している。コーチングやほめ言葉、英語学習法などの著書77冊。東京大学文学部社会学科卒業、ミネソタ大学大学院修了（成人教育学 Ph.D.）。国連IYY（国際青年年）事務局で実務経験を積み、ミネソタ州政府貿易局、松下政経塾研究主幹、NHK教育テレビ「実践ビジネス英会話」講師などを歴任。TVニュース番組のアンカーとしても定評がある。NPOハロードリーム実行委員会理事、一般社団法人大学イノベーション研究所代表理事、一般社団法人キャリア教育コーディネーターネットワーク協議会理事、などをつとめる。

山本ミッシェールのぞみ（やまもと・ミッシェール・のぞみ）

NHK国際放送局キャスター。
アメリカで生まれ、イギリス、フランス、ドイツ、香港、日本など、国際的で多様な文化の中で育つ。キャスターのほか、モデル、ナレーター、リポーター、構成作家、翻訳家、ジャーナリスト、ライター、大学非常勤講師、エグゼクティブコーチ、英語学習コーチ、スピーチコーチ、TESOL講師、パフォーマンス学講師、日本語司会者、バイリンガル司会者、トライリンガル司会者、マカオ政府観光局アンバサダー。あわせて18の仕事で活躍中。NHK WORLD TV「Science View」、「J-Innovators Special」、ラジオ、YouTubeなどに出演中。
著書は、『見るだけ30分!! あなたに合った「聞く」「話す」が自然にできる!』（すばる舎）。

【United Nations Sustainable Development Goals のウェブサイト】
https://www.un.org/sustainabledevelopment/
https://www.un.org/sustainabledevelopment/sustainable-development-goals/

"The content of this publication has not been approved by the United Nations and does not reflect the views of the United Nations or its officials or Member States".
（この出版物の内容は国連によって承認されたものではなく、国連をはじめ加盟諸国の見解を反映するものではありません）

■編集　角田由紀子　■編集協力　髙木繁伸
■組版　GALLAP　　　■図表・イラスト　Shima.
■装幀　アップライン株式会社
■英文校正　Julian Hardy、竹内ウィリアム勇太
■ナレーション　山本ミッシェールのぞみ、Michael Rhys　■レコーディング　上野統生

やさしい英語でSDGs！
地球の課題（Global Issues）を英語で学び、未来を語ろう！

2021年　3月30日　第1刷発行
2022年10月10日　第4刷発行

著　者　　本間正人
　　　　　山本ミッシェールのぞみ

発行者　　坂上美樹

発行所　　合同出版株式会社
　　　　　東京都小金井市関野町 1-6-10
　　　　　郵便番号　184-0001
　　　　　電話 042（401）2930
　　　　　振替 00180-9-65422
　　　　　ホームページ https://www.godo-shuppan.co.jp/

印刷・製本　株式会社シナノ

■刊行図書リストを無料進呈いたします。
■落丁・乱丁の際はお取り換えいたします。